김대중 리더십

김대중 리더십

첫판 1쇄 펴낸날 2010년 12월 15일
첫판 4쇄 펴낸날 2022년 9월 22일

지은이 최경환
펴낸이 박성규

펴낸곳 도서출판 아침이슬
등록 1999년 1월 9일(제10-1699호)
주소 서울 은평구 불광로 11길 7-7(201호)
전화 02) 332-6106
팩스 02) 322-1740
이메일 21cmdew@hanmail.net

ISBN 978-89-6429-114-6 03340

* 이 책의 저작권은 도서출판 아침이슬에 있습니다.
　신 저작권법에 의해 보호를 받는 저작물이므로 무단전재와 무단복제를 금합니다.

* 책값은 뒤표지에 있습니다.

김대중 리더십

최경환 지음

아침이슬

서문

'젊은 김대중'의 출현을 기대하며

　김대중은 우리 현대사의 탁월한 리더였다. 50년간의 한국 현대사는 '김대중'을 빼고 논할 수 없다. 김대중은 우리 시대의 리더로서 독특한 리더십 체계를 갖추고 실천했다. 우리 현대사에 많은 정치인들이 있었지만 김대중만큼 독특한 리더십 체계를 갖춘 지도자는 드물다.

　이 책에서 말하는 '김대중 리더십'은 한 정치인의 행적, 특히 정당 등 정치조직을 어떻게 운영하고, 대통령이라는 최고 공직을 맡아 어떻게 국정을 이끌었는지 하는 것만을 의미하지 않는다. 또한 리더십의 결과로서 김대중이 이룩한 정치적 업적을 열거하는 일은 더욱 아니다.

　이 책에서 말하는 '김대중 리더십'은 김대중 대통령이 자신만의 독특한 리더십을 세우는 과정에서 어떤 원칙과 철학을 가지고 있었으며, 이를 현실 정치와 생활에서 실현하는 과정에서 어떠한 리더십이 활용되었는가를 관찰하는 것이다.

　리더십의 출발은 가치와 목표를 갖는 것이다. 어떤 가치를 가지고 궁극에 자신이 처한 현실과 사업에서 무엇을 성취하려고 하는가 하는 것이 리더십의 출발이다. 정치인에게는 자신이 정치를 통해 추구하고자 하는 가치(이념)와 정치적 목표가 있다. 사업가는 비즈니스를 통해 이룩하고자 하는 경제적 가치와 경영목표가 있다. 학자 역시 진리 탐구라는 본원적 가치를 추구하며 동시에 학문적 목표가 있다.

이런 점에서 김대중은 추구하는 가치가 분명하고 일관되었으며, 이룩하고자 하는 목표가 뚜렷했다. 이 책에서는 '김대중 리더십'이 어떤 철학과 가치, 목표에 기반을 두고 있는지를 살펴볼 것이다.

자신이 추구하는 가치에 대해 신념을 갖고, 흔들리지 않는 목표의식을 갖는 것은 매우 어려운 일이다. 이것보다 더 어려운 일은 가치와 목표를 현실에 적용하고 실천하는 일이다. 이 점에서 '김대중 리더십'은 주목할 가치가 있다. 숱한 장애물이 있었지만 가치와 목표를 포기한 적이 없었기 때문이다.

그리고 끊임없이 일의 성공을 위해 수단과 방법을 찾았다. 학습과 경험을 통해 자신만의 독특한 리더십 체계를 완성했다. 이것은 작게는 가정생활에서, 친구들과 사귐에서부터 출발해 당과 정부를 운영하는 데도 활용되었다. '김대중 리더십'이 힘을 갖는 이유는 단지 가치와 목표만을 강조하는 리더십이 아니고, 이를 현실에 적용해 일을 성공하게 만드는 리더십을 발휘했다는 점 때문이다. 또한 그의 생애와 그가 이룬 업적에서 검증되었다는 점이다.

김대중 대통령은 최초로 수평적인 여야간 정권교체를 이룩했다. IMF 외환위기라는 국가적 위기상황에서 대통령에 취임했고, 갈등의 표출 기회가 많아진 첫 민주정부를 이끌었다. 그리고 역대 어느 대통령보다도 남북문제 등 민족문제 해결에 관심이 컸다. 이 과정에서 김대중 대통령은 갈등 주체 간의 합의와 평화적 해결을 중시하고, 나아가 공동의 가치를 창출하고 상호간에 생산적 관계를 유지하는 민주사회의 가장 발전된 리더십을 추구했다. 연립정부의 운영, 금융·기업의 구조조정, 사회협약으로서 노사정위원회, 남북문제 해결과 '햇볕정책' 등의 사례가 이것을 입증하고 있다.*

'김대중 리더십'은 그 자체가 비전이다. 권위주의 정권 아래서 늘 투쟁 속에 살면서도, 민주적 리더십, 효율·자율·책임·창의의 리더십, 대화와 연합의 리더십을 추구했다. 유연하고 개방적인 태도, 관용과 화해의 리더십, 세계인으로 사는 리더십을 실천했다. 이는 미래세대의 리더들이 갖추어야 할 리더십의 본질이다.

우리 사회는 지금 혼돈 속에 있다. 이미 우리가 민주화 과정에서 달성되었다고 믿고 있었던 가치들이 부정되고 있는 것을 바라보면서 당혹해 할 때가 있다. 다시 김대중의 정신과 가치, 정책, 그리고 '김대중 리더십' 속에서 해답을 찾아야 한다. 특히 우리의 미래세대, 많은 젊은이들이 '김대중 가치'와 '김대중 리더십'으로 단련하여 '젊은 김대중'이 나와야 한다.

---

* 김학린(단국대 분쟁해결연구센터), 〈김대중 정부는 어떻게 갈등을 관리했나?〉, 연세대 김대중도서관·(사)행동하는 양심 주최 "첫번째, 김대중 배우기 강좌", 2010. 2. 11.

이 책에는 '김대중 리더십'의 원리와 그 원리를 실천하기 위해 김 대통령이 기울인 실제적 노력이 들어 있다. 각 분야마다 김 대통령이 일생 동안의 행적과 추구해온 정책에서 보여준 각종 사례가 제시되어 있다. 특히 필자가 '마지막 비서관'으로 김 대통령을 10여 년 동안 가까운 곳에서 보좌하면서 직접 듣고 바라본 경험이 녹아 있다. 부록으로 김대중 대통령의 '유머의 리더십'과 재임 중 메모로 남긴 '대통령 수칙'에서 배우는 리더십을 실었다.

이 책을 정리하는 데는 많은 분들의 도움을 받았다. 임동원 전 통일부장관, 박지원 민주당 원내대표, 정세현 전 통일부장관, 김성재 연세대 김대중도서관 관장, 그리고 김대중 대통령의 자서전 편집위원 김택근 경향신문 논설위원 등 여러분께서 원고를 읽어주시고 도움을 주었다. 민족화해협력협의회의 이현희 부장은 김대중 대통령 서거 이후 망연자실한 나에게 '김대중 리더십을 정리하면 어떻겠느냐'는 아이디어를 주고 원고를 꼼꼼히 검토해주었다. 모든 분들께 감사드린다.

이 책의 일부는 서울과 지방의 '김대중 리더십' 강연을 통해, 혹은 페이스북과 트위터 연재를 통해 소개된 내용들이 포함되어 있다. 강연장에서, 인터넷을 통해 의견을 주신 모든 분들에게도 감사를 드린다. 그리고 출판을 맡아준 '아침이슬'의 박성규 선배에게도 감사드린다.

모든 원고의 최종 검토자는 아내다. 균형 잡힌 코멘트로 나를 한쪽으로 치우치거나 혹은 너무 앞으로 나가지 않도록 도와준 아내에게 감사한다.

김대중 대통령은 동작동 현충원 양지바른 언덕에 계신다. 김 대통령은 항상 우리를 지켜보고 계신다. 10년 동안 부족한 나에게 가르침을 주시고 이끌어주신 김대중 대통령님의 영면을 기원한다.

2010년 겨울 초입에
최경환

차례

서문 : '젊은 김대중'의 출현을 기대하며   5

'김대중 시대'는 이제 시작이다   14
"인물이 필요하다"   김대중은 미래다

원칙과 철학의 리더십   19
트랜스포머   김대중의 원칙과 철학   불행과 행복   긍정의 힘을 믿어라

한 우물을 파라   28
'햇볕정책'   일관성이 신뢰를 낳는다   정체성
전문성의 양면   "서두르지도, 쉬지도 말라"

국민과 역사를 의심하지 말라   38
고난과 행복의 회전무대   오로지 믿는 건 국민
"역사의 평가를 의심한 적 없다"   역사의 보상

반걸음만 앞서가라   47
"국민의 손을 놓지 말라"   김대중의 '영웅론'

행동하는 양심 52
김대중의 인생관   담벼락에 욕이라도 하라   천사와 악마   눈물의 정치인

이슈를 주도하라 60
최고의 미덕, 용기   결단은 리더의 숙명   타이밍이 중요하다   실패의 길

민주주의자의 삶에 은퇴란 없다 67
참여와 실천   역사의 디딤돌   "몸 사리고 살 수 없다"   김대중의 묘비

서생적 문제의식과 상인적 현실감각 75
성공하는 인생   "세 번 생각하라"   심성을 가꿔라

실사구시의 리더십 85
창의성   실사구시   외환위기와 리더십   명분론 vs 현실론   중도주의

연습벌레 95
준비와 연습   무대에 오르기 전

말과 글의 리더십 101
대화의 정치   리더십의 알파와 오메가   김대중과 책 읽기
메모하고 사색하라   카피라이터가 되라

대화가 성공의 무기다 111
공동이익의 대화   리더는 대화에 성공하는 사람   민주우파와 민주좌파

대화의 기술 118
경청   대화의 다섯 가지 원칙   미디어에 익숙해져라

하나의 링에서 경쟁하라 126
통합과 연합의 정치   자기를 버리고 크게 연대하라

관용과 화해의 리더십 131
제국의 조건, 관대함   박정희와의 화해
'산 자와 죽은 자의 화해'   전두환과 노태우

위대한 용서 140
큰아들 김홍일   관용과 용서의 조건

은혜 갚기와 편지 쓰기 146
은혜 갚기   편지 쓰기   가족과 이웃

자율과 책임의 리더십　155
후계자는 없다　"지원하되 간섭하지 않는다"　일본대중문화 개방

민주주의가 문제다　161
토론과 소통　민주정부 10년의 최대 성과
조직과 시스템을 중시하라　책임의 정치

칭찬하기와 꾸중하기　169
칭찬하는 리더십　김대중의 참모관　꾸중의 기술

세계인으로 사는 리더십　177
세계지도 앞에서　세계화 시대　세계인이 되라

동아시아 평화구상　184
미래학　외교하는 국민　동아시아 평화구상의 3대축

부록1 김대중 대통령과 유머의 리더십　195
부록2 '대통령 수칙'으로 배우는 '김대중 리더십'　205

'김대중 시대'는 이제 시작이다

"인물이 필요하다"

　우리 사회는 지금 인물이 부족하고 인물이 필요한 시대다. 한마디로 '리더십의 위기'이다. 김대중 대통령은 나라가 잘되려면 두 가지가 필요하다고 했다. 첫째는 '똑똑한 국민', 둘째는 '인물'이라는 것이다. 그런데 국민에 대해서는 걱정하지 않았다.
　김 대통령은 우리 국민들이 이승만, 박정희, 전두환 세 번의 독재를 스스로의 힘으로 극복하고 민주화를 이룩한 점을 높이 평가했다. 세계에 그 유례가 없는 일이라고 했다. 2008년 봄 촛불집회에서는 직접민주주의의 가능성을 보았다. 21세기에 들어와 세계는 전 국민이 지식을 갖게 되고 직접적으로 국정에 참가하기 시작했는데 2008년의 촛불집회가 그 조짐을 말해주고 있다는 것이다. 김 대통령은 민주주의 역사에서 우리 국민들은 과거에도 위대했고, 미래에도 세계 민주주의 발전을 선도할 것이라는 확고한 믿음을 가지고 돌아가셨다. 그러나 생전에 "인물이 부족하다. 인물이 문제다"라는 말씀을 여러 차례 하셨다.

김대중 대통령은 한 시대나 국가의 발전은 역사적 필연성과 국민의 열망 등에 의해서 크게 영향을 받지만, 그러나 또 하나 중요한 것은 탁월한 지도자의 출현이라고 말했다. 2005년 2월 연세대학교 리더십센터 초청강연에서 인물의 중요성을 이렇게 말했다.

"시저와 아우구스티누스가 없었다면 대로마제국의 형성은 어려웠고, 팍스 로마나의 평화의 축복도 가능하지 않았을 것이다. 진시황이나 한고조가 없었다면 중국이 서구사회보다 2000년이나 앞서서 봉건제도를 타파하고 근대적인 군현제도를 실현시키는 일도 생각하기 어렵다. 관용을 주장한 링컨의 신념과 희생이 없었다면 미국이 남북의 두 나라로 갈라지는 것을 막기는 어려웠을 것이다. 처칠이 없었다면 히틀러의 정복의 칼날을 무찌르고 영국과 유럽을 구하는 데 훨씬 더 많은 희생을 치러야 했을 것이다. 이렇게 어떠한 민주국가라도 다수 국민의 열망을 집결해서 정책화하고 이를 실천하는 선도적 역할을 하는 지도자가 없으면 결코 성공할 수 없다. 이는 회사나 정부기관 등 모든 조직에도 공통으로 적용되는 진리다."*

---

* 김대중, 연세대학교 리더십센터 초청강연, "동아시아와 젊은 리더십", 2005.2.2.

김대중은 미래다

'김대중 시대'는 이제 시작이다. 김대중 대통령은 저세상으로 가셨지만 '김대중 시대'는 이제 막 출발했다고 할 수 있다. 앞으로 수십 년 동안은 '김대중 정신', '김대중 테제'가 이어질 것이다.

김대중 대통령은 평생에 걸쳐, 그리고 생애 마지막 순간까지 국민들에게 민주주의 수호, 남북의 화해협력, 중산층과 서민의 정치, 관용과 화해의 정치를 호소했다. 아직 우리 사회는 김 대통령이 제시한 이러한 정신과 원칙을 실현하지 못했고, 그 실현 과정에 있다.

당분간 대한민국의 과제는 김 대통령이 제시한 프레임 속에서 각각의 목표를 실현하는 노력이 계속될 것이다. 정치 발전, 경제대국의 목표, 사회정의와 복지, 문화 발전, 남북관계와 통일의 문제, 동아시아와 세계 속에서 한국의 역할을 찾는 일 등에서 김 대통령이 제시한 정책과 사상은 유효하다. 그런 점에서 김대중 대통령은 돌아가셨지만, '김대중 정신', '김대중 테제'의 실현은 지금부터라고 할 수 있다.

전남대 사학과의 김봉중 교수는 "DJ시대, 이제 시작이다"라는 언론기고 칼럼*에서 "수백 년이 지난 후 후손들이 우리 시대를 기억할 때 누구를 기억하고 무엇을 기억할까?"라는 질문을 던졌다. 그러면서 미국의 에이브러햄 링컨 대통령의 경우를 예로 들고 있다.

김봉중 교수는 "당대에 링컨이 영웅으로 추앙받기란 쉽지 않았다. 그 당

---

* 김봉중, "DJ시대, 이제 시작이다", 〈광주일보〉 2009년 8월 24일자.

시 정치는 이른바 '과격파 공화당'이 장악했고, 그들은 링컨의 남북 화해 정책을 방해했다. 링컨은 오랜 세월 동안 남부에선 증오의 대상이었다"라고 지적했다.

링컨의 삶과 그가 추구한 일을 볼 때 김대중 대통령이 추구해온 정책과도, 살아생전 받은 수많은 오해와도 유사하다. 김대중 대통령 역시 링컨과 마찬가지로 정치적으로 보수진영으로부터 '만악의 근원'으로 비난을 받았고,* 지역갈등의 피해자였다. 김대중 대통령이 추진한 '햇볕정책'은 '퍼주기'로 비난받았다.

역사가 흐르면서 미국인들은 링컨을 미국 최고의 영웅으로 선택했다. 링컨은 무엇보다도 미국의 자유와 평등의 정신과 기조를 지켜냈다. 노예를 해방시켰으며, 분열과 분단의 위기에 있던 미국 연방을 통일된 하나의 연방으로 지켜내는 데 성공했다. 남북전쟁 이후 미국의 국력은 놀라울 정도로 빨리 성장했고, 이윽고 세계질서를 주도했다. 세계적인 국가는 그 위상에 맞는 영웅이 필요했고, 새로운 시대에 대내외적으로 미국의 가치를 대표할 인물로서 링컨은 최적이었다. 이와 같은 분석을 마치면서 김 교수는 다음과 같이 결론을 내리고 있다.

"우리나라의 민주주의가 계속 성숙하고 성장한다는 것을 확신하고, 우리의 국력이 세계를 주도하는 수준으로 올라갔을 때를 생각한다면,

---

* 보수성향의 잡지 〈한국논단〉 2009년 3월호, 9월호는 김대중 대통령을 "만악의 근원"으로 표현했다. 그리고 국방부는 이 책자를 간부교육 정훈자료로 배포해 국회에서 논란이 되기도 했다.

우리는 우리의 후손들과 세계인들이 과연 누구를, 그리고 무엇을 대한민국의 상징적 인물로 생각할지를 고민해야 한다. 그런 점에서 민주, 인권, 평화를 위해 평생을 헌신했던 DJ를 코리아의 영웅으로 재탄생시킬 수 있느냐 하는 문제는 과연 우리가 우리의 민주주의 미래를 긍정적으로 보느냐 회의적으로 보느냐, 세계 속의 우리의 위상에 대해 확신을 가지느냐 그렇지 않느냐에 달려 있다. 지역과 당, 그리고 개인적 호불호 관계를 떠나 미국인들이 링컨을 추앙했듯이 우리는 우리의 미래를 위해서 DJ를 추앙해야 한다. 미래는 우리의 몫이다. 그런 점에서 DJ의 시대, 이제 막 시작이다."

우리 사회는 눈부신 산업화와 민주화의 성취 이후 정치, 사회, 경제 등 여러 분야에서 예전에 볼 수 없던 새로운 갈등이 생겨나고 있다. 그러나 갈등을 관리하고 조정하는 능력은 거기에 따르지 못하고 있다. 또한 20세기 후반 산업화와 민주화라는 뚜렷한 비전이 제시되었던 것에 비교하면 21세기에 역사적으로 이룩해야 할 목표와 과제가 비전으로 제시되지 못하고 있다. 더욱이 비전을 향해 국민의 역량을 집결해 나가는 리더십에서도 위기를 맞고 있다.

지금 우리는 김대중 대통령의 말처럼 똑똑한 국민을 가지고 있음에도 불구하고 '비전의 부재', '리더십의 위기'에 처해 있다. 우리 시대와 국민은 '열망을 모으고 실천할 지도자', 즉 인물을 기다리고 있다.

원칙과 철학의 리더십

트랜스포머

　김대중 대통령이 서거한 이후 미국의 저명한 시사주간지 〈뉴스위크〉는 11명의 세계 정치지도자를 선정해 나라를 변혁시킨 지도자, '트랜스포머'로 발표했다.* 11명 중에는 독일을 유럽과 유럽연합(EU)의 경제·정치 중심국가로 만든 헬무트 콜 독일 수상, 로널드 레이건 미국 대통령과 함께 냉전 시대의 마지막 10년간 서방의 냉전 정책을 주도한 마거릿 대처 영국 수상, 노동조합 운동에서 시작하여 솔리대리티(연대) 운동의 지도자로 1990년 최초의 대통령 직접선거에 당선된 폴란드의 레흐 바웬사 대통령, 중국을 오늘날의 떠오르는 초강대국으로 키운 덩샤오핑 총리, '민족 해방

---

* 〈뉴스위크〉 2009년 9월 23일자.

자·구세주·워싱턴과 링컨을 하나로 합친 인물'로 평가되는 남아프리카 공화국의 넬슨 만델라 등이 포함되어 있다.

〈뉴스위크〉는 김대중 대통령을 두 번째로 소개하면서 세 가지 업적을 열거했다. 첫째는 최초의 정권교체로 한국의 민주주의를 이룩했다. 둘째로 아시아의 외환위기를 성공적으로 극복했다. 셋째는 햇볕정책으로 남북화해를 이룩했다는 것이다.

민주주의 지도자는 많다. 그러나 김대중 대통령처럼 뚜렷한 업적을 남긴 지도자는 드물다. 〈뉴스위크〉를 비롯한 세계의 언론들은 김 대통령의 '뚜렷이 성취한' 업적을 평가하고 있다.

중요한 것은 이 성취 뒤에 있는, 김대중 대통령이 가지고 있는 원칙과 철학이다. 김 대통령은 평소 "무엇이 되느냐가 아니라 어떻게 사느냐가 중요하다"고 말했다. 이 말은 성공과 실패에 관계없이 원칙을 가지고 가치 있게 세상을 살아가야 한다는 뜻이다. 김 대통령은 모든 사람이 인생의 사업에서 성공할 수는 없지만, 원칙을 가지고 가치 있게 살면 성공한 인생이고, 이러한 점에서 우리 모두는 성공한 인생을 살 수 있다고 말했다.

요즘 지도자들 중에는 "원칙과 철학은 이념이고 흘러간 구시대의 노래다"라고 말하는 분이 많다. 그러면서 실사구시, 실용주의를 강조한다. 그러나 실사구시든, 실용주의든 원칙과 철학이 없으면 흔들린다. 우리는 지금도 그런 모습을 많이 보고 있다. 원칙은 뒷다리 잡는 방해꾼이 아니다. 원칙과 철학을 갖추었을 때 인생과 사업에 일관성이 있다. 실용 역시 원칙과 철학을 바탕으로 했을 때 빛이 나고 힘을 갖는다. 원칙과 실용은 배치되는 것이 아니다.

김대중의 원칙과 철학

리더의 첫 번째 덕목은 분명한 자기 원칙과 철학을 갖는 것이다. 김대중 대통령이 생애에 뚜렷한 업적을 이룰 수 있었던 것은 자신만의 분명한 원칙과 철학을 지니고 있었기 때문이다. 그렇다면 김 대통령이 평생 지녔던 원칙과 철학은 무엇일까?

김대중 대통령은 신념을 가진 민주주의자였다. 김 대통령에게 민주주의는 역사의 기본 동력이고, 정치를 하는 이유였다. 김 대통령은 민주주의를 하지 않으면 경제도 발전할 수 없고, 문화도 일어날 수 없으며, 복지도 불가능하다고 생각했다.

1994년 싱가포르의 리콴유(李光耀) 수상은 유명한 미국의 외교잡지 〈포린 어페어스〉에서 "아시아는 가부장적 문화 전통 때문에 서구의 민주주의는 맞지 않다"라는 일종의 문화 숙명론적 입장을 말했다.* 리콴유 수상은 당시 싱가포르의 경제를 발전시켜 싱가포르를 아시아의 '네 마리 용' 중의 하나로 평가받게 만들어 세계적으로 주목받는 아시아의 정치 지도자였다.

당시 정계에서 은퇴해 아태평화재단 이사장으로 있던 김대중 대통령은 리콴유 수상의 명성을 생각할 때 그의 주장은 세계인들에게 아시아의 역사와 전통, 그리고 민주주의에 대해 잘못된 견해를 심어줄 수 있다고 생각했다. 그래서 같은 잡지에 글을 보내 다음과 같이 주장했다.**

---

* 리콴유, "문화는 숙명이다(Culture is Destiny)", 〈Foreign Affairs〉 1994년 3,4월호.
** 김대중, "문화는 숙명인가?(Is Culture Destiny?)", 〈Foreign Affairs〉 1994년 11,12월호.

"민주주의는 보편적인 것이다. 아시아에서도 민주주의 사상이 있었다. 맹자는 '군왕은 하늘을 대신해서 백성의 행복을 실현시킬 의무가 있다. 그것에 실패했을 때 백성은 군왕을 권좌에서 물러나게 할 수 있다'고 말했다. 문화가 숙명이 아니라, 민주주의가 숙명이다."

김대중과 리콴유와의 이 논쟁은 이른바 '아시아적 가치' 논쟁으로 국제 정치학계에서 유명하다. 그 뒤 아시아에서 '피플 파워'가 성장하고 한국을 비롯해 아시아 여러 나라가 민주화되면서, 이 논쟁은 김대중 대통령의 승리로 끝났다. 지금 아시아에서 민주주의가 맞지 않다고 주장하는 학자나 정치가들이 있다면, 이상한 사람으로 취급될 것이다.

김대중 대통령은 민주주의자로 실천하며 살았다. 김 대통령이 생애에 다섯 차례의 죽을 고비를 넘기고 20여 년간의 망명, 연금, 감옥 생활 속에서 지키고자 했던 것은 민주주의였다. 생애 마지막 호소도 '민주주의의 위기'를 경고한 것이다.

김대중 대통령은 인권을 중시한 인본주의자였다. 인권이야말로 정치의 목표라고 생각했다. 평생을 인권투사로 살았다. 가장 아껴 쓰는 휘호 역시 '경천애인(敬天愛人)', '사인여천(事人如天)'이었다. 대통령 재임 중 국가인권위원회를 만들고, 여성부를 만들고, 4.3제주민중항쟁 명예회복, 군의문사 진상규명, 민주화운동 명예회복, 남북 이산가족 상봉 등 인권분야에서 많은 업적을 남겼다.

김대중 대통령은 자유시장경제 이념을 가지고 있었다. 야당 때는 '대중경제론'을 체계화했고, 집권해서 내건 캐치프레이즈는 '민주주의와 시장

경제의 병행발전'이었다. 아울러 시장을 보완하는 국가의 역할이 중요함을 인식했다. 사회정의의 실현, '분배의 정치'를 강조했다. 이것은 재임 중의 '기초생활보장제'를 뼈대로 하는 '생산적 복지' 이론에서 잘 드러난다.

김대중 대통령은 평화주의자였다. '비폭력'과 관용의 정치, 대화의 정치를 실천했다. 정책으로는 한반도 문제 해결을 위한 '햇볕정책'이 대표적인 경우다. 김 대통령은 한반도와 동북아시아 평화체제 구축과 동아시아 지역공동체 건설을 중심으로 하는 '동아시아 평화구상'*을 실천했다. 2000년 김대중 대통령의 노벨평화상 수상은 김 대통령이 철저한 민주주의자요, 철저한 평화주의자였음을 세계가 인정한 것이다.**

김대중 대통령은 중도주의자였고, '실사구시'의 정치인이었다. 중도주의 정치, 즉 '중산층과 서민의 정치'를 추구했다. 또한 관념적 공리공론이 아닌 현실에서 진리를 찾는 '실사구시'를 실천했다.

불행과 행복

원칙과 철학을 지키며 사는 사람에게는 많은 난관이 따른다. 이런 난관을 만났을 때 우리가 어떤 태도를 취하느냐에 따라 일과 인생의 성패가 달라진다.

김대중 대통령이 우리에게 가르치는 독특한 생활의 지혜가 있다. 살아

---

* 김대중의 '동아시아 평화구상'은 이 책의 마지막 부분에서 자세히 소개한다.
** 강만길, 김대중 대통령 노벨평화상 수상 9주년 강연, "국민의 정부의 업적과 역사적 성격", 2009. 12.9.

가면서 어려운 상황이 닥치면 흰 종이를 앞에 펼쳐놓고 가운데에 위아래로 줄을 그은 다음, 한쪽에는 자신이 처한 상황 속에서 부정적인 면, 나쁜 점을 적고, 다른 한쪽에는 긍정적인 면, 좋은 점을 적어보라는 것이다.

보통 우리는 어려움에 닥치면 어렵고 힘든 점만을 생각하게 된다. 주위 모든 것들이 자신에게 부정적이고 나쁘게만 보이는 것이다. 때로는 왜 나한테만 이런 불행한 일이 오는지 원망하는 마음이 들기도 한다. 그러나 종이를 앞에 놓고 막상 적어보면 그런 상황에서도 의외로 좋은 점이 많다는 것이다. 김대중 대통령은 마지막 남긴 일기에서 이렇게 적었다.

"불행을 세자면 한이 없다. 행복을 세어도 한이 없다. 인생은 이러한 행복과 불행의 도전과 응전 관계다. 어느 쪽을 택하느냐가 인생의 성공과 실패를 좌우할 것이다."*

김대중 대통령은 핍박 받던 시절의 가택연금과 망명 생활 중에서도 좋은 점과 나쁜 점을 흰 종이에 글로 적어보는 일을 했다. 그렇게 해보니 아무리 어려운 상황에서도 좋은 점들이 많더라는 것이다. 예를 들면, 연금과 망명의 고통 속에 있지만, 아내가 옆에서 도와주고 있고, 가족들이 건강하고 나를 이해하고 있고, 국내에는 동지들이 있고, 해외에는 나를 성원하는 친구들이 있고, 국민들이 나를 성원하고 있고, 나는 아직 건강하고……이렇게 셀 수 없이 좋은 점들이 많더라는 것이다. 여기에서 힘과 용기를 얻

---

* 김대중, 『김대중 마지막 일기—인생은 아름답고 역사는 발전한다』, 2009년 5월 2일자 일기.

었다. 긍정의 힘을 믿은 것이다.

긍정의 힘을 믿어라

김대중 대통령은 퇴임 후 2003년 5월부터 혈액투석 치료를 받았다. 혈액투석이란 신장이 제 기능을 하지 못하는 환자의 피를 빼내 투석기에서 깨끗이 거른 후 다시 몸속으로 넣어주는 것이다. 나빠진 신장 기능을 도와주는 것이다. 김 대통령은 일주일에 월, 수, 금 3차례, 하루 4~5시간씩 누워서 치료를 받았다. 투석 치료를 받고 나면 몸은 지치고 힘이 빠졌다. 해외여행을 갈 때도 제일 먼저 하는 일이 병원을 찾아 투석 치료를 예약하는 일이었다. 그러고 나서 다른 일정들을 배치했다. 투석 치료는 한번 시작하면 평생 중단할 수 없다고 한다.

그러나 김대중 대통령은 이런 환경을 현실로 받아들이고 그 가운데서도 긍정적인 점을 찾았다. 혈액투석을 하면 몸은 힘들고 시간을 많이 허비하지만, 정기적으로 몸 상태를 점검하고 몸무게를 재면서 건강관리를 하는 긍정적인 측면이 있더라는 것이다.

"모든 게 나쁜 점만 있는 건 아니다. 투석 치료를 받아 힘들긴 하지만 정기적으로 건강관리를 하게 되고, 나쁜 것이 발견되면 제때에 치료할 수 있다."

투석 치료의 고통과 지루함 속에서도 좋은 점을 찾아 거기에서 희망적이고, 긍정적인 요소를 찾은 것이다. 김 대통령은 이렇게 긍정의 힘을 믿었다.

우리는 살아가면서 항상 순탄하고 좋은 환경에서만 일하는 것이 아니다. 오히려 나쁜 상황, 힘든 상황이 더 많다. 원칙과 철학을 지키며 사는 사람일수록 견뎌내야 할 나쁜 환경들이 자주 찾아온다. 그럴 때 긍정의 힘을 믿는 경우와 부정적인 면만을 바라보는 경우는 그 결과가 다르다. 긍정적인 면을 바라보고 일을 하면 긍정적인 면이 더 커지고, 부정적인 면은 더 작아지게 마련이다. 부정적인 면을 다 없애버릴 수는 없을 것이다. 그러나 부정적인 면을 전체 비중에서 작아지게 할 수 있고 마침내는 전체 상황에서 의미 없게 만들 수 있다.

리더십에서는 절대적으로 긍정의 힘을 믿는 리더십이 필요하다. 리더가 항상 부정적이고, 절망하고 힘이 빠져 있는데 누가 따르겠는가? 리더는 설혹 불행한 일도 감수해야 한다. 그러나 불행한 상황 속에서도 긍정적인 면, 좋은 점을 찾아 그것을 키우고 불행한 점을 작게 만들고 그 영향을 최소화시키는 노력이 필요하다. 이것이 바로 '긍정의 힘을 믿는 리더십'이다.

국민보다

반걸음만

앞서 가라.

국민의 손을

놓치지 말라.

한 우물을 파라

'햇볕정책'

　김대중 리더십은 단지 사람과 조직을 운영하는 기술만이 아니다. 김대중 리더십 그 자체에 자신의 원칙과 철학이 들어 있다. 김대중 리더십은 자신의 원칙과 철학에 바탕을 두고 있다. 민주주의 원칙은 '민주적 리더십', '자율과 책임의 리더십'으로, 평화주의 원칙은 '평화의 리더십', '대화와 연합의 리더십', '관용과 용서의 리더십'으로, '실사구시' 정신은 '실용적 리더십'으로 관통하고 있다.
　이런 점에서 리더십을 사람을 다루고 조직을 운영하는 '테크닉'으로 해석하거나 처세술, 권모술수 정도로 이해하는 것은 잘못이다. 리더십은 원칙과 철학이 반영되어 나타난다.
　원칙과 철학을 가진 지도자는 다르다. 일희일비하지 않고 여론이나, 정치적 압력에 흔들리지 않는다. 김대중 대통령의 원칙과 철학의 리더십을 가장 잘 알 수 있는 것은 '햇볕정책(Sunshine Policy)'이라고 할 수 있다. 김 대통령은 북한과 같은 공산국가를 다루는 데 있어서 확고한 원칙을 가지고 있었다. '강풍'보다 '햇볕'이 공산국가를 변화시키는 데 유용하고, 이것은 이미 역사에서 검증되었다고 생각했다. 김 대통령은 이미 60년대 후반부터 남북대화와 교류를 주장했다. 전쟁까지 치르고 대북 증오심이 가득한 한국사회에서 결코 정치적으로 이득이 되는 주장은 아니었다. 이로 인해 김대중은 '빨갱이', '사상이 의심스러운 자'로 지목돼 평생을 그런 오해 속에 살아야 했으며, 실제 죽음으로까지 내몰린 적이 있었다. 그러나 한 번도 생각을 바꾸지 않았다.

  2000년 6.15 남북정상회담을 앞두고의 일이다. 외신기자들은 김대중 대통령의 대북정책을 알 수 있는 연설문을 달라고 요청했다. 청와대 비서실은 '3단계 통일론',* '한반도 4대국 평화보장론'** 등 1970년대 김 대통령의 주장이 담긴 연설문이 포함된 자료를 배포했다. 그러자 외신기자들은 "30년 전의 자료인데 어떻게 지금 하는 말과 똑같을 수 있느냐? 과연 김 대통령의 말이 맞느냐?"며 놀라움을 금치 못했다. 이렇게 김 대통령의 말은 세월이 흘러도 일관성을 유지했다.

---

* 김대중의 '햇볕정책'은 3원칙과 3단계로 구성되어 있다. 3원칙은 평화공존, 평화교류, 평화통일이고, 3단계는 1단계 남북연합, 2단계 남북연방, 3단계 완전통일을 말한다.
** '한반도 4대국 보장론'은 김대중이 처음 대통령 후보로 출마한 1971년 주장한 것으로 미국, 일본, 중국, 소련(지금의 러시아) 4국이 한반도의 평화를 보장하자는 주장이다. 이 주장은 30여 년이 흐른 2000년대에 한국과 북한이 참여한 '6자회담'으로 발전됐다.

'햇볕정책'으로 남북정상회담이 열리고 한반도의 화해협력에 역사적 거보를 내디딜 수 있었던 것은 이런 흔들리지 않는 원칙과 철학의 리더십이 있었기 때문에 가능했다.

일관성이 신뢰를 낳는다

또 다른 예는 '국민의 정부' 시절 지식정보화 정책을 들 수 있다. 김 대통령은 1980년대 초 감옥에 있을 때 앨빈 토플러(Alvin Tofler) 박사의 『제3의 물결』이라는 책을 읽고 21세기에는 지식정보화사회가 온다는 것을 예견했다. 앨빈 토플러는 이 책에서 컴퓨터와 통신의 결합에 의한 제3의 문명사적 전환을 예측하고 정보화사회가 온다고 강조했다. 대통령에 취임하고 나서 "산업화엔 뒤졌지만 정보화는 앞서 가자", "세계에서 가장 컴퓨터를 잘 쓰는 나라를 만들겠다"는 구호를 내걸고 지식정보화 정책을 추진했다.

이에 대해 전통산업계와 언론들은 시큰둥한 반응이었다. 그들은 정보화의 조류를 대통령이 정치적 구호로 얘기한다고 생각했다. 국민들도 처음에는 크게 주목하지 않았다. 일부에서는 "나라가 부도 위기에 처해 있는데 어떻게 한국이 세계에서 컴퓨터를 가장 잘 쓰는 나라가 되겠느냐?"며 취임사에 으레 언급하는 내용 정도로 받아들이는 분위기였다.

그러나 김대중 대통령은 그 원칙을 정책으로 구체화했다. 중간에 흐지부지하지 않았다. 확신에 찬 철학이 있었기 때문이고, 역사의 방향을 알고 있었기 때문이다. 그 결과 지금 우리가 향유하고 있는 인터넷 세상, 지식정보화사회를 가져다주었다.

 '국민의 정부' 당시 김대중 대통령의 '지식정보화사회' 비전은 국민들의 절대적인 공감을 얻었고, 지식정보화 정책은 국민들의 지지를 받았다. 한국의 정보화 정책의 성공은 지도자의 비전 제시와 국민들의 빠른 수용력이 결합해서 가능한 것이었다.

 사형제 폐지 문제에서 김 대통령의 원칙과 철학의 리더십은 유감없이 발휘된다. 김 대통령은 본인이 사형수였을 뿐만 아니라 사형제 반대론자이다. 그러나 대통령 재임 동안 사형제 문제를 공개적으로 언급하지 않았다. 현직 대통령이 언급함으로써 가져올 파장을 생각한 것이다. 왜냐하면 엄연히 사형제 법이 존재하고 있고, 가장 먼저 법을 준수해야 할 위치에 있었기 때문이다. 다만, 법무부에서 사형집행 기안이 올라오면 사인을 하지 않았다. 사인을 하고 말고는 대통령의 권한이다. 그렇게 5년 동안 사형을 집행하지 않았다. 이것은 노무현 대통령의 참여정부로 이어져 10년 동안 사형이 집행되지 않음으로써 우리나라는 '사실상의 사형제 폐지 국가'가 되었다.[*]

 이러한 예는 얼마든지 들 수 있다. 원칙과 철학이 있는 지도자는 일관성이 있다. 일관성은 신뢰를 낳고 리더십은 신뢰에서 나온다. 이렇게 해서 가치 있는 결과, 의도했던 목표를 성취해 낸다.

 '국민의 정부' 시절 정부부처의 관료들은 대통령을 보좌하기가 쉬웠다.

---

* 1997년 12월 30일 김영삼 대통령이 퇴임을 앞두고 사형수 23명에 대해 사형을 집행한 것을 마지막으로 김대중 정부, 노무현 정부 기간 동안 단 한 건의 사형도 집행되지 않았다. 그로부터 10년이 지난 2007년 12월 31일 국제사면회원회(AI, Amnesty International)는 한국을 '사실상의 사형제 폐지 국가'로 분류했다.

왜냐하면 대통령의 원칙과 철학이 분명하고 일관성이 있었기 때문이다. 대통령의 말과 글로 표현된 원칙과 철학을 바탕으로 자신이 맡은 정책을 구상하고 추진하면 되었기 때문이다. 그리고 대통령에게 일관성이 있었기 때문에 정부 관료들도 언론이나 야당의 비판에 흔들리지 않았다. 이처럼 원칙과 철학, 일관성은 리더십의 기본이 된다.

정체성

리더에게 필요한 것은 정체성(아이덴티티)이다. 정체성은 일관성에서 나온다. 정치를 예로 들어보자. 정치인의 경우 정치상황에 따라 자신의 이념과도 다르고, 과거 정치 행로와도 다른 정당을 기웃거리는 행태로는 국민의 신뢰를 받기 힘들다. 일시적으로 그 정파를 활용할 기회를 얻을 수 있을지는 모르지만 국민의 사랑을 받는 큰 정치인이 되기는 힘들다.

김대중 대통령은 평생을 하나의 정치세력, 민주당을 위해 봉사했다. 1956년 민주당에 입당하고 여러 차례 당 이름은 바뀌었지만 50년을 민주당과 함께했고, 2~30년을 민주당의 지도자로서 일했다. 김 대통령은 『다시, 새로운 시작을 위하여』라는 책에서 '정치를 하려는 후배들에게' 열 가지 원칙을 말한다. 그중에서 아홉 번째에 "정당을 옮기는 것은 물론이고, 여기저기 계보를 옮겨 다니는 정치인은 결코 성공할 수 없다"고 말했다. 그리고 자신의 정치 역정에 대해 다음과 같이 말했다.

"나는 정당생활을 시작했던 1956년부터 정치를 떠난 1992년까지

근 40년 동안 한 정당, 한 계보의 줄기를 벗어나 본 일이 없습니다. 나는 지금도 그러한 나의 태도가 자랑스러운 일이라고 생각하고 있습니다."*

김대중 대통령은 평생 민주당을 위해 봉사하고 참여한 일을 자랑스럽게 생각했다. 민주당은 창당 후 50여 년 동안 정치적으로는 독재에 반대해 민주주의를, 경제적으로는 정경유착과 재벌경제와 싸워 시장경제를, 사회적으로는 '부익부 빈익빈'과 싸워 사회정의와 복지를, 민족문제에서는 무력통일에 반대해 평화통일을 주장했다고 말했다. 그리고 10년의 집권을 통해 이 네 가지 분야에서 큰 성과를 이룩했으며, 이것이 민주당의 자랑스런 전통이며, 정체성이라고 말했다.

대통령에서 물러난 후 가까운 사람들과 언론들은 김대중 대통령이 현실정치에 초연해 국가의 원로로 있어주길 원했다. 특정한 당에 직접 참여하거나 현실정치 활동에 개입하는 일은 하지 않았지만, 돌아가시기 전까지도 '훈수정치'라는 말을 들어가면서까지 정치와 관련된 발언을 멈추지 않았다. 그 까닭은 평생을 함께했던 민주당이 정체성을 잃고 혼란과 무기력함에 빠져 있는 것을 안타까워했기 때문이다.

정체성을 갖는다는 것은 정치인뿐 아니라 모든 사람에게 공통적으로 적용된다. 자신의 정체성을 지키고 그것을 가꾸는 사람은 그렇지 못한 사람과 비교하면 인생을 아름답게 사는 사람이다. 우리들은 간혹 자신의 출신,

---

* 김대중, 『다시, 새로운 시작을 위하여』 282쪽, 김영사, 1993.

혹은 자신이 나온 학교를 감추려는 사람들을 본다. 정치인들의 경우 자신이 과거에 인연을 맺었던 정치 그룹을 멀리하려는 경우가 있다. 이것은 올바른 태도가 아니다. 아무리 작고 보잘것없어 보이는 것이라도 자신을 키워준 뿌리를 잊지 않는 것이 사람의 태도이다. 그리고 대중들은 그런 태도에 신뢰를 보낸다. 또 사실을 감춘다고 감춰지는 일도 아니다. 정치에는 지조가 있어야 하고, 의리가 있어야 한다.

김대중 대통령의 경우, 항상 전라도 사람인 것을 자랑스럽게 말했다. "전라도 사람으로 태어나 전라도 사람으로 죽겠다"고까지 말했다. 주위에서 전라도 사투리를 바꿔보라는 권유가 있었지만, 한편으로는 표준말을 쓰기 위해 노력하면서도 "고향말을 쓰는 게 무엇이 문제냐?"며 사투리를 일부러 고치려 하지는 않았다. 자신의 탯줄을 묻고 자신을 수십 년간 지지해준 사람들 앞에서 당연한 말이었다.

전문성의 양면

정체성은 정책적 전문성이 뒷받침될 때 더 강해진다. 김대중 대통령은 정치인에게 "이마에 '나는 무엇이다'라고 박혀 있을 정도로 전문성을 갖도록 노력하라"고 말했다. 국민들이 그 정치인 하면, 농민문제, 노동문제, 통일문제, 환경문제 등 그 사람을 대표하는 무언가가 바로 떠오르는 정치인이 돼야 한다는 것이다.

현대사회의 리더는 전문성이 있어야 한다. 과거에는 팔방미인형의 리더가 필요했다면, 지금은 전문적 지식과 기능, 경험을 갖춘 리더가 더욱 필요하다.

그러나 리더 스스로 한 분야의 전문성을 갖춘다는 것이 자신을 그 전문 분야의 한계에 묶어두는 것으로 나타나서는 안 된다. 리더가 자신의 전문 분야의 지식과 기준, 경험을 가지고 자신이 처리해야 할 모든 일을 재단하고 판단하는 것은 매우 위험한 일이다. 리더는 더욱 종합적인 지식과 인식, 기획능력, 추진능력을 요구한다. 특히 정치 리더십에서는 이것이 더욱 필요하다.

김대중 대통령은 야당 때나 대통령 재직 중에도 '전문가'와 대화하기를 좋아했다. 거기에서 새로운 지식을 배웠다. 김 대통령은 전문가들의 전문지식과 기능을 잘 활용할 줄 아는 리더였다. 전문가들의 조언이 자신의 원칙, 철학, 정신, 가치, 즉 자신이 나아가려고 하는 방향과 일치하는가를 끊임없이 관찰하고 검증했다.

전문가들이 자신의 역량을 펴기 위해서는 자율성과 책임을 주어야 한다. 그러나 올바른 리더는 전문가들이 간혹 자신만의 영역에 갇혀 있을 때가 많다는 것도 알고 있어야 한다. 리더는 전문가들의 이러한 한계를 일깨워주고 국민과 국가, 자신이 책임진 조직이 바라는 가치와 방향에 봉사하도록 안내해주는 사람이다.

김대중 대통령은 앞에 말한 『다시, 새로운 시작을 위하여』에서 '정치를 하려는 후배들에게' 열 가지 원칙을 제시하면서 일곱 번째로 전문성과 종합적인 지식을 함께 갖출 것을 요구한다.

"정치인은 국정 전반에 걸쳐 종합적인 지식과 경험을 쌓되 자신의 특정 분야, 예컨대 외교라든지 통일이라든지 건설이라든지, 국방 혹은 문화 분야 등에서 진가를 발휘할 수 있는 전문적인 실력을 배양해야 합니다. 적어도 이것에 대해서라면 나를 따라올 자가 없다고 말할 수 있는 무언가가 있어야 합니다. 현대는 지식산업의 시대입니다. 얼마나 창조적인 지식을 가지고 있는가, 얼마나 정확하고 많은 정보를 가지고 있느냐에 따라서 승패가 결정됩니다. 좋은 정치인은 종합적이면서도 동시에 전문성이 있어야 합니다."*

자신이 세운 원칙과 철학을 바탕으로 정체성, 전문성을 갖추는 것이 리더의 자세이다. 철학이 없고 원칙이 흔들리는 사람은 정체성도 흔들리고, 전문성도 갖추기 힘들다.

"서두르지도, 쉬지도 말라"

김대중 대통령은 쉬지 않고 노력하는 분이다. 그렇다고 서두르거나 조급해 하지도 않았다. 오히려 낙천주의적 성격을 가진 분이었다. 평소에 김대통령은 이런 말을 자주 했다.

"서두르지 말라. 그러나 쉬지도 말라."
"한 우물을 10년을 파라."

---

* 김대중, 『다시, 새로운 시작을 위하여』, 281쪽, 김영사, 1993.

김대중 대통령은 퇴임 후 6년 반 동안 팔순의 나이가 넘었음에도 불구하고 국내외에서 90여 차례 연설, 100여 차례 언론 인터뷰를 했다. 그런데 그렇게 서두르거나 바쁘게 하지 않았는데도 1년이 지나면 김 대통령의 말과 글이 책 한 권이 됐다. 꾸준히 쉬지 않고 한 것이 성과로 돌아왔다. 리더는 모름지기 몸은 천천히 움직이되, 생각은 부지런히 해야 한다.

김대중 대통령은 정치를 하건, 사업을 하건, 공부를 하건 10년을 하면 결과가 나온다고 했다. 단번에 성과를 기대하지 말라는 것이다. 우물을 파다 보면 다른 우물은 얼마나 팠는지도 궁금하고, 파다보면 과연 물이 나올지도 궁금하다. 그러나 얼마간 시간을 갖고 우물을 파는 것이 중요하다. 10년 정도를 하면 그 분야에 잘 알려진 인물이 되고, 현실에서도 성공의 길을 찾을 수 있다는 것이다. 중도에 포기하거나 다른 우물을 찾아가는 게 문제다.

그리고 김대중 대통령은 정상에 오르면 모두가 통한다는 점을 강조했다. 어떤 한 분야에 최고가 되면 다른 분야의 최고와 교류할 수 있다. 우리가 산 정상에 오르면 건너편 정상이 보이듯이 한 분야에 최고가 되면 다른 분야와도 교류할 수 있다. 김 대통령은 "일단 정상을 정복하면 꼭대기에서는 어느 길로도 내려갈 수 있는 선택권이 생긴다"* 라고 말했다. 학문에서, 사업에서 최고가 된 사람들이 정치지도자로 나서기도 하고, 교육자가 되기도 하고, 저술가가 되기도 하는 경우를 보면 정상에서는 모두가 통한다는 것을 알 수 있다.

---

* 김대중, 『옥중서신 1』 1981년 6월 23일자 편지, 226쪽, 시대의 창, 2009.

국민과 역사를 의심하지 말라

고난과 행복의 회전무대

김대중 대통령이 굳게 믿은 것 두 가지가 있다. 하나는 국민이고, 다른 하나는 역사다. 김 대통령은 국민과 역사를 믿었고, 의지하고 살았다. 김 대통령은 가톨릭 신자였다. 김대중 대통령에게는 당신이 믿는 하느님과 더불어 역사와 국민은 신앙과도 같았다.

김대중 대통령의 일생은 4부작이었다. 이희호 여사의 자서전 제목은 '동행'이다. 부제는 '고난과 영광의 회전무대'로 되어 있는데 이 부제는 김 대통령이 직접 지은 것이다.

출판사와 비서실은 '동행'을 제목으로 하자고 하고, 김 대통령은 '고난과 영광의 회전무대'로 하자고 주장해 토론이 벌어졌다. 그러자 김 대통령은 당신의 정치 인생을 4개의 무대로 나누어 설명했다.

제1무대는 정치에 입문해서 세 차례 민의원 선거에 실패하고, 잘나가던 사업도 다 망치고, 가산을 탕진하고, 첫 부인인 차용애 여사를 잃은 시절이다. 궁핍하고 아무것도 갖지 못한 세월을 살았다. 제1무대는 고난의 무대였다.

그러다가 1963년 6대 총선에서 국회의원에 당선되고 1971년 야당의 대통령 후보가 되어 화려한 정치생활을 했다. 촉망받는 정치인, 국회의원으로서, 야당의 대통령 후보로서 제2무대는 영광의 무대였다.

1971년 첫 번째 대통령 출마 이후 길고 긴 고난의 제3무대가 시작된다. 1972년 유신선포 이후 미국과 일본에서 망명생활, 1973년 도쿄납치사건에서 토막살해와 수장의 위기, 1976년 3.1구국선언사건 이후 진주교도소와 서울대병원 감금, 1980년 광주민주화운동의 배후로 지목돼 사형선고, 미국 망명, 가택연금, 그리고 1987년, 1992년 두 차례 대통령 선거 낙선, 정계 은퇴 등 무려 1997년 대통령에 당선되기까지 25년 동안의 고난의 제3무대가 진행된다.

제4무대는 영광의 무대였다. 대한민국 15대 대통령에 당선되고, IMF 외환위기를 극복하고, 남북정상회담을 하고, 2000년 노벨평화상을 받고, IT 선진국, 한류 문화강국의 빛나는 업적을 남겼다.

오로지 믿는 건 국민

김대중 대통령은 이렇게 네 번의 회전무대에서 인생을 살았다고 회고했다. 고난의 무대 시절, 믿는 것은 오로지 국민과 역사였다.

1971년 대통령 선거에서 박정희 후보와 맞붙어 90만 표 차이로 졌지만 사실상 승리한 선거였다. 당시 관권선거, 금권선거는 지금으로서는 상상도 못할 정도였다. 수십, 수백만 표를 투개표 과정에서 조작하는 것은 식은 죽 먹기였다. 당시 김대중 후보가 얼마나 억울해 했겠는가? 그러나 여기에서 낙담하거나 국민을 원망하지 않았다. 1971년 4월 대통령 선거에 이어 그해 5월에 실시된 국회의원 선거에 전국을 돌며 후보 지원유세를 하며 국민의 지지를 확인한다. 그러면서 언젠가는 국민들이 자신을 다시 세워줄 것으로 믿었다.

1973년 도쿄납치사건 때 현해탄 바다 한가운데서 수장될 위기에서도 "나는 국민을 위해 할 일이 남아 있습니다. 하느님, 살려주세요."라고 하느님께 기도했다. 절체절명의 위기 속에서도 국민을 찾았다.

그리고 1980년 사형수로 죽음을 맞아서도 그 믿음은 흔들리지 않았다. 1980년 전두환 신군부에 잡혀가 재판을 받고 있을 때 그들은 "협력하면 살려주겠다. 대통령 빼고 모든 것을 다 시켜주겠다."고 회유하고 협박했다. 그러나 단호하게 말했다.

"나는 일시적으로 죽겠지만 국민과 역사 속에 영원히 살 것이다."

김대중 대통령은 그들에게 굴복해 협력하면 자신은 역사와 국민 속에서 영원히 죽을 것이라고 생각했다. 그러나 여기에서 협력하지 않고 떳떳하게 죽음을 택하면 일시적으로는 죽지만 국민과 역사 속에 영원히 살 것이라고 생각했다. 죽음을 앞에 두고 역사와 국민 속에서 영원히 살겠다고 죽음을 택할 수 있는 정치인이 얼마나 있을까?

만일 그때 신군부의 회유와 압력에 굴복해 그들과 협력했다면 오늘날 국민들이 김대중을 얼마나 기억하겠는가? 또 역사는 김대중을 어떻게 기록했겠는가? 이것은 명약관화하다.

"역사의 평가를 의심한 적 없다"

퇴임 후 김 대통령을 보좌하면서 역대 대통령들에 대한 평가를 담은 국민 여론조사를 보고한 적이 있다. 박정희 대통령이 1등이고, 김대중 대통령이 2등으로 나왔다. 그때 김 대통령은 이런 말을 했다.

"최 비서관, 나는 국민과 역사의 평가를 의심한 적이 없습니다."

김 대통령은 나에게 그런 평가에 너무 흔들리지 말라고 말씀하신 것이다. 당신이 걸어온 길에 대해 언젠가는 역사와 국민이 제대로 평가해줄 것이라는 확고한 믿음을 가지고 있었다. 역사의 승리, 국민의 승리, 즉 '정의필승'의 신념이 있었다. 도산 안창호 선생이 말한 "진리는 반드시 따르는 자가 있고, 정의는 반드시 이루는 날이 있다."는 신념을 가지고 있었.

1998년 2월 대통령에 취임하고 나서 외국 언론과 인터뷰를 할 때 다음과 같은 질문을 자주 받았다.

"당신이 과거에 수난을 받고 감옥에 갇히고 할 때 과연 오늘의 당신이 있을 것이라고 기대한 일이 있는가?"

그럴 때마다 김 대통령은 이렇게 말했다.

"그렇다. 내가 살아 있는 동안에, 내가 죽지 않고 있으면 나는 반드시 국민의 지지에 의해서 성공할 것이라고 믿고 있었다. 그러나 내가 설사 살아서 그런 성공을 못 보더라도 나는 결코 패자가 아니라 승자가 될 것이다. 그것은 동서고금 모든 역사를 볼 때 자유와 정의를 위해서 싸운 사람, 국민의 행복을 위해서 싸운 사람이 단 한 번도 국민의 마음이나 역사에서 실패한 일이 없었다. 나는 설사 살아서 내가 승리의 영광을 보지 못하더라도 국민의 마음과 역사 속에서 반드시 승리의 영광을 누린다고 굳게 믿었다. 나는 한 번도 좌절한 일이 없었고, 그 때문에 어려운 고난을 이겨낼 수 있었다."

또 김 대통령은 이런 말도 했다.

"과거에 많은 사람들이 진리와 정의를 위해 싸우다 죽었는데 당대에는 아무런 평가도 받지 못했다. 그러나 지금은 시대가 변해 당대에 평가를 받는다. 넬슨 만델라 대통령도 그렇고, 나도 그런 경우다."

과거에 나라를 위해, 국민을 위해 일하다가 이름 없이 또 억울하게 죽어간 이들이 얼마나 많았는가? 김 대통령은 이러한 예로 일제하에서 독립운동을 하다가 이름 없이 죽어간 많은 사람들, 인혁당사건*에 연루돼 사형선고를 받고 그날 바로 교수형에 처해진 사람들의 경우를 들었다. 그런 시대에 비하면 이렇게 당대에 평가를 받을 만큼 역사는 발전했다는 것이다.

국민과 역사를 믿는다는 것은 정치인들의 이야기만이 아니다. 공부를 하건, 기업을 하건, 어떤 인생을 살든지 역사의 발전을 믿고 국민들의 올바른 판단을 믿는 것이 중요하다. 김 대통령은 국민은 끝내 올바른 선택과 판단을 하게 되고, 역사는 발전한다는 점을 의심해본 적이 없다. 이것은 신앙과 같았다.

과거에도 그랬고, 지금도 간혹 '민도(民度)'를 운운하며 국민을 얕보는 사람들이 있다. 자신의 정책과 마음을 알아주지 못한다고 은연중에 '국민들이 너무한다'고 말하기도 한다. 그래도 우리는 국민을 믿어야 한다. 김 대통령의 『마지막 일기』에 나오는 것처럼 "인생은 생각할수록 아름답고 역사는 앞으로 발전한다"는 신념을 가져야 한다.

역사의 보상

국민과 역사를 믿고, 국민과 역사를 위해 일하는 사람은 두려움이 없다.

---

* 1972년 10월 유신이 선포된 이후 유신반대투쟁이 전국으로 확산되자, 당시 박정희 정권은 그 배후로 인혁당재건위를 지목하고 수사를 진행했다. 이 사건으로 사형선고를 받은 8명은 대법원 확정판결이 내려진 지 불과 18시간 만인 1975년 4월 9일 전격적으로 형이 집행되었다. 이는 대표적인 인권침해 사건으로 권력에 의한 '사법살인'으로 불린다. 해외에도 알려져 제네바 국제법학자협회는 이날을 '사법사상 암흑의 날'로 선포하였다. 2007년 1월 유족들이 낸 재심 선고공판에서 사형이 집행된 8명에게 무죄가 선고됐다.

떳떳하고 자부심이 있다. 앞에서 말한 '무엇이 되느냐가 아니라 어떻게 사느냐'의 삶을 살아가느냐 여부는 결국 국민과 역사를 믿느냐, 그렇지 않느냐에 달려 있다.

우리 사회에는 그런 사람이 많다. 지역과 사회 각 영역에서 자신의 양심과 철학, 그리고 원칙과 이념을 지키며 살아가는 사람이 많다. 자신에게 부나 사회적, 정치적 명예가 따르지 않지만 국민과 역사를 믿고 묵묵하게 자신의 일을 해나가는 사람들이 많다. 환경, 여성, 평화, 통일, 소수자 운동 등 시민단체의 영역뿐 아니라, 정치, 교육, 학술, 종교, 언론 등 각 영역에서 진보적 가치를 추구하고 역사의 발전을 향해 노력하는 사람들이 많이 있다. 오늘날 우리 사회가 이렇게 민주적 가치가 존중받고 때로 그것이 위협받을 때 저항할 수 있는 것도 이런 사람들 덕분이다.

이들은 우리가 수십 년 독재와 싸우면서 키워온 자양분이다. 김대중 대통령 말대로 우리의 민주주의는 피 흘리고 감옥 가고 고문당하고 때로는 죽어가면서 싸워 얻은 것이다. 이렇게 쟁취한 민주주의는 쉽게 무너지지 않는다. 우리는 싸우지 않고 선물로 받은 민주주의, 즉 이식받은 민주주의가 얼마나 취약한 것인가를 잘 알고 있다.

70, 80년대 민주화 투쟁에 참여해 직장을 잃고, 학원에서 쫓겨나 배움의 기회를 잃은 사람들은 지금도 생활이 곤궁하고 부와 명예를 갖지 못한 경우가 많다. 물론 정치적 보상을 받은 분들도 있지만, 수많은 사람들은 그렇지 못하다. 그러나 이들 역시 역사의 보상은 받고 있다고 생각한다. 훈장보다 더 큰 명예를 받고 있다. 왜냐하면 그들의 희생과 참여로 인해 대한민국을 지금과 같은 민주주의 국가로 만들었기 때문이다.

민주화 운동 인사들이 앞장서고 국민들이 함께 참여한 민주화 투쟁은 이승만, 박정희, 전두환 3개의 독재정권을 물러나게 했다. 4.19 민주혁명, 70년대 반유신투쟁, 80년대 광주민주화운동과 반군부독재투쟁, 87년 민주대항쟁, 97년 정권교체는 세계 민주주의 역사에서 유례가 없는 40년간에 걸친 시민혁명의 과정이라고 할 수 있다.

민주화 운동이 없었다면 어떻게 되었을까? 아마도 우리나라는 보수 정치인, 족벌언론, 재벌, 기능적 지식인, 군부가 절대적 영향을 미치는 보수 유착사회가 강고하게 뿌리내렸을지도 모른다. 동남아 국가에서 보듯이 정치 후진국, 경제 후진국으로 전락하거나, 설령 경제발전을 이룩했다 해도 싱가포르, 대만처럼 정치가 발전하지 못한 나라로 전락했을지도 모른다. 일본의 경우도 지난 50년 동안 자민당 집권이 계속되었다는 점에서 전후 일본의 경제적 성취에도 불구하고 정치적 취약성을 보여준 나라라고 할 수 있다. 그러나 2009년 9월 하토야마 민주당 정부의 출현으로 일본 정치에도 변화가 오고 있다.

이처럼 국민과 역사를 믿고 일하는 사람들은 역사의 보상이 따른다. 그리고 그들이 걸어온 발자국을 밟으며 따르는 사람이 있다. 그 정신은 유전자가 되어 그 후대에게 전해진다.

다만, 민주화 운동이 이룩한 성취에도 불구하고, 민주화 운동 인사들이 자신의 인생을 명예로운 삶, 성공한 인생으로 받아들이고 있지는 못하는 것 같다. 가치 있게 살아온 점에서는 성공했지만, 그것을 성공으로 받아들이는 데는 실패하고 있는 것이다. 민주화 운동 인사들은 자신이 이룩한 것에 대한 자부심을 가져야 한다.

물론 대부분이 현실에서 성공하는 것을 포기하고 운동에 참여한 사람들에게 성공한 인생을 말하는 것은 걸맞지 않을 수 있다. 더욱 현실적인 문제는 민주화 운동에 참여한 일부 인사들이 정치적 보상을 받았다고는 하지만 대부분은 생활형편이 어렵다는 것이다. 처음의 의도도, 지금의 처지도 '성공'과는 멀다. 그러나 민주화 운동에 참여한 사람들은 자신의 삶의 승리자요, 성공한 인생을 살아온 사람이다.

그러나 지금 민주화 운동은 그 운동이 성취한 역사 속에서 진보 진지의 구축에 실패하고 있다. 수만 명이 감옥에 가고, 또 두 번의 민주정부를 세워 민주주의 가치를 실천했지만 민주개혁진영은 여전히 소수파고, 비주류이다. 이명박 정부 들어와서는 '친북좌파'니 하는 '뉴라이트류'의 저급한 공세에도 맥을 못 춘다. 조롱을 받으면서도 무감각한 지경에까지 이른 것은 모두가 반성할 일이다.

역사에는 완성이란 것은 없다. 항상 불안하고 과제를 던져주는 것이 역사다. 지금의 우리 역사는 또 다른 도전을 던져주고 있다. 역주행하는 민주주의를 바로잡는 일, 허덕이는 민생의 삶을 안정시키는 일, 한반도 화해와 협력을 통해 통일의 길로 나가는 일 등이 과제로 남아 있다.

이 과제를 해결하는 길은 자명하다. 과거 우리가 민주화 투쟁에서 경험했던 것처럼 '행동하는 양심'으로 무장한 리더들의 자각이다. 그리고 이 시대의 과제를 해결하기를 바라는 국민의 정치적 열망들을 한데 모으는 것이다. 이것이 역사의 발전과 진보적 가치를 생각하는 리더들의 역할이다.

반걸음만 앞서 가라

"국민의 손을 놓지 말라"

리더는 말 그대로 앞서 가는 사람이다. 그러나 혼자서 가는 사람이 아니다. 또한 국민과 섞여 가는 사람도 아니다. 김대중 대통령은 이 점에 대해 두 가지를 말한다.

첫째, 국민보다 반걸음만 앞서 가라.
둘째, 국민의 손을 놓치지 말라.

이 두 가지 말뜻은 너무 앞서 가지 말라는 것이다. 한 걸음도 아니고 반걸음만 앞서 가라는 것이다. 그리고 국민의 손을 잡고 가라는 것이다. 리더는 항상 국민들이 생각하는 바를 찾고, 국민 속에 있어야 한다.

김대중 대통령은 정치인에게는 세 개의 국민이 있다고 말했다.

첫 번째 국민은 대한민국 모든 국민이다.
두 번째 국민은 자기가 속한 정당의 국민이다.
세 번째 국민은 자기가 속한 지역구의 국민이다.

국민들은 정치인이 대한민국 모든 국민을 위해 일하기를 바란다. 그러나 성공하는 정치인이 되기 위해서는 자기가 속한 정당의 당원들에게 인정받아야 하고, 자기가 속한 지역구 주민들에게 지지받아야 한다. 김대중 대통령은 퇴임 후 국회의원에 낙선한 젊은 정치인들이 찾아오면 이렇게 말하곤 했다.

"언론에 이름 석 자 나기 위해 중앙당 행사나 기웃거리고 중앙정치에 지나치게 관심을 갖는 일은 하지 말라. 먼저 지역구민에게 인정받도록 노력하라. 일본 속담에 '원숭이는 나무에서 떨어져도 원숭이지만, 국회의원은 의원직을 잃으면 사람도 아니다'라는 말이 있다."

또 김 대통령은 지역구 국회의원에게 이렇게 권고했다.

"'금귀월래(金歸月來)', 금요일에 지역구에 내려가서 월요일에는 국회로 돌아오라."

주중에는 국회에서 일하고, 주말은 지역구 주민을 비롯한 국민들의 의견을 들어보라는 것이다. 국민들의 손을 놓치지 않는다는 것은 국민이 바라고 원하는 것이 무엇인가를 항상 생각하는 리더가 되어야 한다는 것이다. 자신의 생각보다 더 중요한 게 국민의 생각이다.

멀리 앞서 있으면 국민의 생각을 알 수 없고, 국민의 손을 놓치면 국민의 체온을 느끼지 못하게 된다. 그 순간, 리더의 말은 공허하고 현실감을 잃고 대중의 공감을 얻지 못한다.

김대중의 '영웅론'

김대중 대통령은 평소 독특한 '영웅론'을 피력했다. 김 대통령은 나폴레옹의 말을 인용해 말했다.

> "영웅이란 대중들이 원하는 바를 높은 데에 올라가 포즈를 취하고 큰 소리로 말하는 사람이다."

영웅은 최고의 리더로 인정받는 사람이다. 그러나 김대중 대통령이 말하는 영웅은 자신의 이야기를 하는 사람이 아니다. 국민이 듣고 싶은 말, 원하는 바를 국민을 대신해서 말하는 사람이다.

국민은 결코 교양의 대상, 계몽의 대상이 아니다. 국민을 자신의 기준으로 재단하고 가르치려 하는 태도는 잘못이다. 심지어 정략에 능숙하고 판세분석을 좋아하는 일부 정치인들은 국민을 정치공학의 대상쯤으로 간주

하는 경향이 있다. 이들의 태도를 보면 자신이 나라를 맡게 되면 어떻게 해보겠다는 구체적인 정책을 제시하는 일은 게을리 한다. 그들은 국민의 아픔과 요구를 살피기보다는 대중의 표피적인 감성만을 기준으로 자신의 정치행위를 결정한다. 그러나 국민들은 이러한 행태의 정치에 대해 이미 경험을 통해서 훤히 꿰뚫고 있다. 국민은 언제라도 필요할 때 꺼내 쓰는 호주머니 속 물건이 아니다.

김대중의 영웅론에서 또 중요한 것은 '높은 데 올라가 포즈를 취하고 큰 소리로 말하는 것'이다. 김대중 대통령은 무대에 오르기 전에는 준비를 아주 세심하고 치밀하게 하고 반복해서 연습하되, 무대에 올라서면 당당하고 크게 포즈를 취하고 말해야 한다고 했다. 리더는 무대에 올라가야 한다. 무대에 오르는 것을 두려워하고, 포즈를 취하기를 꺼려하는 사람은 리더가 될 수 없다. 김 대통령은 평소 비서들에게 "큰일 하려는 사람은 매사를 세심하게 배려하되 표현과 행동은 대담하게 해야 한다"고 강조했다.

김대중 대통령을 오랫동안 보좌했던 분이 김 대통령을 만난 인연을 다음과 같이 말했다.

"목포에서 잘 생긴 남자가 손수레를 끌고 가는데 손수레에 책상 같은 것을 싣고 있었다. 뒤에서는 아름다운 여자가 손수레를 밀고 있었다. 나중에 알게 되었는데 손수레를 끌고 가는 사람은 김대중 대통령이었고, 뒤에 밀고 가는 여자는 차용애 여사였다."

여기에서 말하는 책상은 무대에 오르기 위한 연단을 말한다. 차용애 여사*는 김대중 대통령의 첫 부인이다. 훗날 대한민국 대통령이 되고, 세계적인 지도자가 된 김대중 부부가 젊은 시절 연단을 싣고 손수레를 끌고 가는 장면을 상상해보라! 김대중은 당시 정치에 입문한 지 얼마 안 되는 무명 시절이었다. 대중을 만나기 위해, 높은 곳에 오르기 위해 스스로 손수레에 연단을 싣고 부인이 그 뒤를 밀고 국민을 찾아간 것이다.

리더가 되고자 하는 사람은 때가 되면 자기 이름과 얼굴을 내밀고 대중을 향해 소리쳐야 한다. 그러기 위해서는 연단 위에 올라가야 한다. 연단이 없으면 젊은 김대중처럼 연단을 직접 만들어 그 위에 올라가야 한다.

---

* 차용애 여사는 결혼 14년만인 1959년, 김 대통령이 국회의원 선거에 잇달아 실패하면서 두 아들을 남기고 33살의 젊은 나이에 돌아가셨다.

행동하는 양심

김대중의 인생관

김대중 리더십의 또 다른 덕목은 '행동하는 양심'이다. '행동하는 양심'은 김대중 대통령의 필생의 모토였다. 김 대통령은 1985년 5월에 출간된 『행동하는 양심으로』라는 책에서 자신을 지탱해준 것이 두 가지가 있었다고 썼다.

"첫째는 무엇보다 민족에 대한 존경과 사랑, 믿음이다. 그러므로 나는 그들을 절대로 배신할 수 없으며 실망시킬 수도 없다. 나를 믿고 사랑하는 가운데 온갖 희생을 감수한 나의 가족, 친척 및 동지들에게 치욕을 줄 수 없다. 그리고 후세, 우리의 자손들에게 부끄러운 조상이 될 수 없다고 언제나 다짐해왔다. 이러한 나의 생각이 오늘날까지 그 수많은 고난을 이겨내게 했다. 둘째는 나의 인생관에 의해서다. 즉, 인생의 진실한 가치란 무엇이 되느냐가 아니라 어떻게 사느냐이다. 사람은 누구나 인생의 사업에 성공할 수 없지만 누구든지 인생의 삶에 성공할 수는 있다. 성공적인 삶이란 자기 양심에 충실하게 사는 것이다. 무엇을 이룩하는 데 목표를 두지 말고 하루하루를 바르게 사는 것, 양심과 국민과 하늘의 뜻에 충실하게 사는 것이다."*

'행동하는 양심'은 김대중의 인생관이었다. 김 대통령은 퇴임 후 국내외 언론과의 여러 차례의 인터뷰에서 '평생의 정치의 모토가 무엇이었느냐'는 질문을 받으면, 항상 "나는 행동하는 양심으로 살고자 했다"고 답했다.

김대중 대통령의 생애 마지막 연설은 2009년 6월 11일 6.15 남북공동선언 9주년 행사에서 한 연설이다. 이 연설을 하고 1개월 뒤인 7월 13일 병원에 입원했다. 이날 연설은 '행동하지 않는 양심은 악의 편이다'는 내용이었다. 평생에 지켜왔고 그렇게 살아왔던 '행동하는 양심'을 마지막으로 외친 것이다.

담벼락에 욕이라도 하라

'행동하는 양심'은 두 가지 중요한 의미가 있다.

첫째는 현실을 회피하지 않는 것이며, 중간자적 입장에서 자기를 변명

---

* 김대중, 『행동하는 양심으로』 서문 '기다리고 몸부림치는 민중과 함께', 금문당, 1985.

해서는 안 된다는 것이다. 우리 주변에는 이런 분들이 참으로 많다. 자신을 중간지대에 놓고 '나는 중립이다. 어느 편도 아니다'라고 하는 분들이 많다. 그러나 실은 이러한 태도야말로 악한 편을 돕고 악인을 이롭게 한다는 것이다.

에리히 프롬은 『자유로부터의 도피』라는 책에서 "모두가 자유를 말하지만 책임지지 않고 도피하기 때문에 억압이 상존한다"고 말했다. '행동하는 양심'은 참여하는 리더십이다.

둘째, 김대중 대통령이 말하는 '행동하는 양심'이 된다는 것은 감옥 가고 거리에서 투쟁하는 것을 말하는 것만은 아니라는 것이다. 김 대통령은 돌아가시기 2개월 전인 2009년 6월 25일 6.15 남북공동선언 9주년 행사 위원들과의 오찬을 하면서 피를 토하는 심정으로 말했다.

"나는 이기는 길이 무엇인지, 또 지는 길이 무엇인지 분명히 말할 수 있다. 반드시 이기는 길도 있고, 또한 지는 길도 있다. 이기는 길은 모든 사람이 공개적으로 정부에 옳은 소리로 비판해야 하겠지만, 그렇게 못하는 사람은 투표를 해서 나쁜 정당에 투표 안 하면 된다. 그리고 상당수는 나쁜 신문을 보지 않고, 집회에 나가고 하면 힘이 커진다. 작게는 인터넷에 글을 올리면 된다. 하려고 하면 너무 많다. 하다못해 담벼락을 쳐다보고 욕을 할 수도 있다. 반드시 지는 길이 있다. 탄압을 해도 무섭다, 귀찮다, 내 일이 아니라고 생각해 행동하지 않으면 틀림없이 지고 망한다. 모든 사람이 나쁜 정치를 거부하면 나쁜 정치는 망한다. 보고만 있고 눈치만 살피면 악이 승리한다. 모두가 어떤

형태든 자기 위치에서 행동해서 악에 저항하면 이길 수 있고, 적당히 하면 진다는 것이다. 행동하지 않는 양심은 악의 편이다."

자신이 처한 처지에서 행동하라는 것이다. '행동하는 양심'은 자신의 양심에 따라 사는 삶을 말한다. '행동하는 양심'은 실천하는 리더십이다. 김대중 대통령은 특히 바르게 투표해야 한다고 말했다. 대의민주주의 제도 하에서 투표가 나라의 방향을 정한다고 믿었다. 그리고 같은 날 이렇게 말했다.

"민주주의는 싸우는 자, 지키는 자의 것이다. 싸우지도 않고 지키지도 않고 하늘에서 감이 떨어지길 기다려선 안 된다. 그러나 민주주의는 언젠가는 온다. '행동하는 양심'으로 하면 빨리 오고, 외면하면 늦게 온다."

천사와 악마

김대중 대통령은 우리 마음속에는 천사와 악마가 모두 있다고 생각했다. 젊은이들과의 대화에서 이렇게 말했다.

"우리의 마음속에는 천사와 악마가 공존하고 있습니다. 우리의 마음가짐과 노력 여하에 따라서 천사가 이길 수도 있고 악마가 이길 수도 있습니다. 여러분들이 마음속의 악마와 대결하면서 천사와 손잡고 나아가려면 구체적으로 어떻게 해야겠습니까? 그것은 개인적인 이기심을 버리고 이웃을 위해서 사는 것입니다. 내 아내, 내 자식들, 내 형제, 내 친구들, 사회의 모든 사람들, 세계의 사람들이 모두 내 이웃입니다. 여러분이 그들을 사랑하고 그들을 위해서 할 수 있는 노력을 했을 때, 그 사람은 높은 자리에 오르건 오르지 못하건, 부자가 되었건 되지 못했건, 오래 살았건 젊어서 죽었건, 우리는 이미 천사와 더불어 성공하는 인생을 살았다고 할 수 있을 것입니다."*

김 대통령은 마음속에 있는 천사와 악마 중에 천사의 말을 듣고 순종하고 그런 방향으로 노력하고 행동해야 한다고 말했다. 누구든지 마음속에 천사가 있기 때문에 무엇이 옳고 무엇이 그른지 알고 있지만, '위험하니까 못하겠다. 손해 보니까 못하겠다' 이런 생각을 갖기 때문에 양심대로 못 사는 경우가 많다는 것이다. '행동하는 양심'은 내 마음속에 있는 악마의 말을 멀리하고 천사의 말에 순종하는 삶을 말한다.

눈물의 정치인

김대중 대통령은 '눈물의 정치인'이다. 김 대통령은 휴머니스트적인 감성과 정치인으로서의 용기를 동시에 갖춘 분이다. 여성처럼 섬세하고 부

---

* 김대중, 아시아 소사이어티 '아시아 21 청년지도자 포럼' 초청 연설, "아시아 시대와 리더십", 2006. 11. 18.

드러운 인격을 가진 분이면서, 동시에 용기 있는 정치인이었다. 이것은 김 대통령의 매력이다.

김 대통령은 평소에도 어렵고 힘들게 사는 사람에 대한 깊은 애정을 가지고 있었다. 이런 성품은 본성에 가까울 정도였다. 거리에서 구걸하는 사람들을 보면 불쌍한 마음이 그대로 얼굴에 나타났다. 드라마에서 힘들게 사는 사람들의 모습을 보면 눈물을 보이기도 했다. 그리고 재임 중 자신이 추진한 기초생활보장제의 혜택을 받아 그마나 어렵고 힘든 생활을 이어가는 노인들의 모습을 텔레비전에서 보고는 흐뭇해하셨다.

김대중 대통령은 1973년 8월 8일 일본 도쿄의 한 호텔에서 당시 박정희 정권의 중앙정보부 요원에게 납치되어 호텔에서 토막살해의 위기, 현해탄 바다 위에서 수장의 위기를 넘기고 5일 만에 동교동 자택 골목에 내버려졌다. 집으로 들어온 김 대통령은 죽음의 막다른 곳까지 갔다온 극적인 생환에 눈물을 흘렸다.

1980년 5월 전두환 신군부에게 잡혀가 광주에서 수많은 시민들이 죽었다는 소식을 감옥에서 뒤늦게 알고 펑펑 눈물을 흘리며 혼절하기까지 했다. 그 뒤 세월이 흘러 미국 망명에서 돌아와 1987년 9월에 16년 만에 광주를 방문하고 망월동 광주민주화운동 묘지에서 피붙이를 잃은 유족들을 끌어안고 한없이 눈물을 흘렸다. 그곳은 1980년 5월 '전두환 물러가라' '계엄령 해제하라' '김대중 석방하라'를 외치며 죽어간 이들이 묻혀 있는 곳이었다.

1998년 2월 대통령 취임식에서 취임사를 읽으며 당시 IMF 외환위기로 국민들이 감수해야 할 희생과 고통을 말하는 대목에서 취임사 낭독을 멈추고 울먹였다. 돌아가시던 해인 2009년 5월 29일 노무현 대통령의 영결식에 참석해 권양숙 여사의 손목을 붙들고 오열했다.

  김대중 대통령의 눈물에는 자신이 받았던, 그리고 자신과 함께 국민들이 받았던 고통의 한이 서려 있다. 그리고 사람에 대한 연민의 정이 들어 있다. 자신에 대한 감당하기 힘든 고통, 자신을 지지해주고, 자신이 존경하고 사랑하는 국민의 고통, 동지를 억울하게 잃은 고통을 생각하며 눈물을 흘렸다. 김 대통령의 눈물에는 가식이 없었다. 김 대통령의 눈물은 성품이고 진실된 것이었다.

원칙을 중시하고

무엇이 옳고 그른가에

대해서 따지는

'서생적 문제의식'과,

현실 문제를 잘 처리해서

성공하는 '상인적

현실감각'이 필요하다.

이슈를 주도하라

최고의 미덕, 용기

　김대중 대통령은 '눈물의 정치인'이었지만, 거기에 머물지 않았다. 눈물을 흘리면서 역사와 국민 앞에서 자신이 마땅히 감당해야 할 소명을 다시 확인하고 용기를 키워갔다.
　김대중 대통령은 두려웠지만 자기 안에 머물지 않았다. 눈물을 흘렸지만 슬퍼만 할 수 없었다. 두려움 때문에, 슬픔 때문에 자기 안에 갇혀 있었다면, 그래서 나서지 않았다면 오늘날의 김대중은 없었을 것이다. 김 대통령은 『다시, 새로운 시작을 위하여』라는 책에서 이렇게 말했다.

　"우리는 아무리 강해도 약합니다. 두렵다고, 겁이 난다고 주저앉아만 있으면 아무것도 변화시킬 수 없습니다. 두렵지 않기 때문에 나서는 것이 아닙니다. 두렵지만, 나서야 하기 때문에 나서는 것입니다. 그것이 참된 용기입니다. 그럴 때 우리는 아무리 약해도 강합니다."*

또한 김대중 대통령은 "용기는 모든 도덕 중 최고의 미덕이다. 용기만이 공포와 유혹과 나태를 물리칠 수 있다"고 말했다. 참여하고 실천하는 리더십, '행동하는 양심'은 이렇게 용기가 필요하다.

용기는 사람에 대한 연민의 마음, 사람을 아끼고 사랑하는 마음을 가질 때 생겨난다. 아무리 뛰어난 이념과 철학을 가진 지도자라 하더라도 인간에 대한 애정, 연민의 마음을 갖지 못하는 지도자는 진정한 용기를 가질 수 없다. 불쌍한 사람, 불행이 닥친 사람, 가난한 사람, 핍박 받는 사람에게 관심을 갖고 연민의 마음을 갖는 것이 진정한 용기의 출발이다.

김대중 대통령은 평소 신약성서의 마태복음 25장의 성경말씀을 자주 인용하며 '의인(義人)'의 삶을 이야기했다.

"올바르고 의롭게 산다는 것은 굶주린 사람에게 먹을 것을 주고, 목마른 사람에게 마실 물을 주고, 나그네에게 잠자리를 마련해주고, 벌거벗은 사람에게 옷을 입혀주고, 병든 사람을 돌아보고, 감옥에 갇힌 사람들을 찾아가는 것이다. 성경에서 예수는 '이 지극히 작은 자에게 하는 것이 나에게 하는 것과 같다'라고 말했다. 이것이 바로 의인의 삶이다."

---

* 김대중, 『다시, 새로운 시작을 위하여』 '나는 겁이 많은 사람', 69쪽, 김영사, 1993.

결단은 리더의 숙명

리더는 결단하는 사람이다. 훌륭한 리더와 그렇지 못한 사람을 구분하는 가장 큰 차이는 결단을 하느냐, 못하느냐에 있다. 리더는 본질적으로 무엇을 할 것인지를 결단하고 실천하는 사람이다. 김대중 대통령이 '행동하는 양심'으로 평가받는 이유는 결단해야 할 때 결단했고, 말해야 할 때 말했고, 행동해야 할 때 행동했기 때문이다.

리더에게는 리더만이 해야 할 몫이 있다. 그것은 바로 결단이다. 리더의 결단을 돕기 위해 각종 협의 장치와 토론 장치가 마련돼 있지만 마지막 결단을 내리는 것은 결국 리더 자신이다. 결단을 위해서는 수많은 조건들과 환경들을 검토해야 한다. 리더의 결단은 리더로서의 자리와 명예를 한순간에 날려버릴 수도 있다. 결단은 리더의 숙명이다. 그래서 리더의 결단은 외로운 것이다.

김대중 대통령은 평생을 결단하며 살았다. 크게는 자신의 삶을 결단했고, 크고 작은 정책 사안에 대해서 지도자로서 결단했다. 김 대통령의 일생은 결단의 인생이었다. 젊은 시절 유망한 사업가에서 정치인이 되겠다고 결단했고, 40대에 대통령 출마를 결단했다. 사형선고를 받고는 죽음을 결단하기까지 했다. 당과 정부를 운영하면서는 수많은 정책 사안들을 결단했다. 외환위기 앞에서는 구조조정과 재벌개혁을 결단했다. 남북정상회담을 위해 판문점을 넘어 김정일 위원장을 만날 것을 결단했다. 이러한 결단의 순간에는 항상 혼자였다.

김대중 대통령은 평소 "지도자는 마지막 결정은 자기 스스로 해야 한다"고 말했다. 머뭇거려서도 안 되고 우유부단해서도 안 된다. 책임을 두려워해서도 안 된다. 국민들은 머뭇거리고 두려워하는 사람을 따르지 않는다. 조직 내에는 불만이 쌓인다.

타이밍이 중요하다

리더의 말은 타이밍이 중요하다. 간혹 같은 내용의 말이면서도 타이밍을 맞추지 못해 주목받지 못하는 경우가 있다. 이미 그 이슈가 대중의 관심을 떠났기 때문이다. 세상 여론은 복잡한 것 같지만 실제는 몇 개의 이슈가 찾아왔다가 얼마간 시간이 지나면 사라지면서 움직인다. 이미 제기된 이슈를 따라가는 사람은 결코 리더가 될 수 없다. 이슈를 만들어내는 사람이 리더가 될 수 있다. 그러나 이것은 쉽지 않다.

타이밍 맞추기에 실패하는 여러 가지 이유가 있다.

첫째, 검토할 것도 너무 많고 고려할 것도 너무 많다. 그래서 좌고우면한다. 한마디로 눈치를 보는 경우다. 둘째, 확신이 서지 않는 경우다. 무엇이 옳고 그른지에 대한 판단이 부족한 경우다. 셋째, 용기의 부족이다. 말을 했을 경우 반대진영으로부터 예상되는 비난, 전문가들의 비판, 국민의 평가가 두려운 경우다.

그러나 리더는 단순할 때는 단순하고, 결단할 때는 결단해야 한다. 검토와 분석은 아무리 열심히 해도 항상 부족할 수 있다. 옳고 그름(是非)은 항상 나누어진다. 최선을 다해 연구하고 토론하고 생각해서 말을 준비했다면, 그때부터는 치고 나가는 자세가 필요하다. 오히려 내부 토론이나 자기 생각을 반복해서 검토를 받을 일이 아니라, 말을 해놓고 대중들의 검토를 받아 자기 판단과 생각을 고쳐 나가야겠다는 적극적인 태도를 가져야 한다.

김대중 대통령은 아주 논리적이고 치밀한 분이다. 할 말을 정하는 데도 많은 준비와 시간이 필요했다. 그리고 말할 준비를 하면서도 항상 말할 타이밍을 면밀히 관찰했다. 그리고 타이밍을 잡으면 과감하게 쏟아냈다. 한번 시작하면 키워드를 반복하면서 집중적으로 강조했다. '아, 지금 김대중이 무슨 말을 하고 있구나'라고 국민들이 알 때까지 반복해서 강조했다.

특히 정치에서는 이슈를 주도하는 능력이 있어야 한다. 그러기 위해서는 타이밍이 중요하다. 먼저 이슈를 제기하고, 경쟁하는 상대방이 그 이슈에 따라오면 그 게임은 이슈를 제기하는 쪽이 이길 가능성이 높다. 정치에서는 아침에 말을 했다면 주목 받을 말도 저녁에 하면 아무런 관심을 끌지 못하는 경우가 있다. 또 우리쪽 이슈라고 생각했던 것을 상대방에게 선점 당하는 경우도 많다. 권투 선수가 링에 오르면 상대방과 악수하고 눈인사를 하고 처음에는 잽을 날리며 탐색전을 벌인다. 그러나 이 모든 것을 과감히 생략하고 선제공격을 하는 적극적인 자세도 필요하다.

또 김대중 대통령은 "말을 하려고 마음을 먹었으면 이에 무언가 끼어 있듯이 말하면 안 된다"고 말했다. 이에 무언가 끼어 있으면 입이 개운하지 않듯이, 말을 남겨놓고 하면 말을 하고도 스스로 개운하지 않다는 뜻이다. 뿐만 아니라 말을 듣는 사람도 개운한 느낌을 갖지 않는다는 것이다. 말을 할 때는 이것저것을 세밀히 따져보고 해야 하겠지만, 일단 말을 하려고 마음을 정했으면 하고 싶은 말을 감추거나 남겨두고 해서는 안 된다는 것이다.

실패의 길

김대중 대통령은 정치인들에게 이런 당부를 잊지 않았다.

"내가 성공하는 길은 잘 모르겠지만, 실패하는 길은 자신 있게 말해 줄 수 있다. 정치는 파티(party)다. 자신과 생각을 같이하는 사람들에게 지지 받아야 성공한다. 그렇지 않고 모든 사람들로부터 좋은 말만 들으려고 하면 반드시 실패한다."

정치인에게는 색깔이 있어야 한다. 그 사람 하면 떠오르는 무언가가 있어야 한다. 그렇게 하려면 첫째는 정책적 전문성이 필요하고, 두 번째는 정치적 정체성이 필요하다. 국민은 정치인들이 나라와 국민을 위해 일하기를 바라지만 야당도 아니고, 여당도 아닌 정치인을 바라지 않는다. 야당은 야당답게, 여당은 여당답게 일할 줄 알아야 한다.

그렇게 할 경우 자연히 여당은 야당이나 야당을 지지하는 사람들로부터, 야당은 여당이나 여당을 지지하는 사람들로부터 비판의 대상이 되고, 심지어 비난과 모욕을 당하는 수가 있다. 그러나 정치인은 이것을 두려워해서는 안 된다는 것이다. 다른 정파 혹은 생각이 다른 이들의 반대를 두려워해서 자기가 할 말을 못하는 정치인, 모두로부터 좋은 말만 들으려고 하는 리더는 설령 '좋은 사람'이라는 말을 들을 수 있을지는 모르겠지만 결코 성공하는 리더로 성장하기는 어렵다.

물론 우리는 '좋은 사람'이 되어야 하고 그런 평가를 받도록 노력해야 한다. 대중으로부터 덕망 있는 사람이라는 평을 받고 인기를 끄는 것은 정치인에게는 생명과도 같다. 그러기 위해서는 자기를 지지하는 사람들이 생각하는 의견을 앞서 말할 줄 알아야 한다. 자신의 정체성, 당파성을 외면한다면 대중의 지지를 받을 수 없고 큰 정치인으로 성장할 수 없다.

앞에 말한 정책적 전문성은 정치인의 경우 자신의 색깔을 분명히 보여주는 수단이기는 하지만, 또한 함정이 되는 경우도 있다. 전문성 안에만 머물며 전문성만 믿고 유권자와의 대화, 정당활동 등 정치활동을 소홀히 하는 경우 정치인으로서의 생명은 단명으로 끝난다.

민주주의자의 삶에 은퇴란 없다

참여와 실천

최근 우리는 '인재양성'이라는 말을 많이 듣는다. '인재'는 탁월한 지식과 기능을 가진 사람이다. 이들 중에는 화려한 학벌과 국제적 감각을 갖춘 사람도 많다. 나라의 자산임에는 분명하다. 그들은 실제 기업과 사회와 국가에 크게 공헌하고 있다.

그러나 우리가 이런 '인재'를 '인물'이라고 말하는 데는 주저할 수밖에 없다. '인물'은 여기에다가 시대의 문제를 간파하고 소명의식을 갖고 역사 발전에 참여하는 사람이라고 생각한다. '행동하는 양심'으로 사는 사람을 말한다. 참여하고 실천하는 사람이다.

아무리 탁월한 지식과 능력을 가진 사람이라도 현실의 이웃의 아픔에 연민을 갖지 못하고, 시대의 문제를 고민하지 않고, 자신의 지식과 기능에

매몰돼 있다면 우리는 그를 '인물'이라고 할 수 없다.

조선시대에는 재야 사림(士林)에 원로 대학자들이 있었고, 삼사(三司)의 젊은 관헌들은 임금의 실정 앞에 목숨을 내걸고 상소를 올려 나라를 바로잡았다. 성균관 유생들은 수업을 거부하며 임금에게 저항했다. 우리 시대 민주화 운동 시절에도 어려울 때마다 나서는 재야원로들이 있었고, 김대중을 비롯한 걸출한 정치인, 지식인, 종교인들이 민주화 운동을 이끌었으며, 청년학생들이 나서서 싸웠다. 이처럼 인물은 나라와 역사 앞에 몸을 던져 참여하고 실천하는 사람이다.

이명박 정부 들어와 다시 민주주의가 문제가 되고 있다. 지금 많은 사람들이 민주주의는 싸워서 얻는 것만큼 도둑맞지 않도록 지키는 것도 소중하다는 것을 뼈저리게 느끼고 있다. 민주주의를 지키는 야경꾼이 되어야 한다. 이 점에서 우리는 두 가지 점을 생각해야 한다.

첫째는 무당파주의적이고 관조적 태도는 김대중 리더십과 거리가 멀다는 점이다. 우리 주변의 상당수 지식인들은 자신의 여러 언설과 주장과 달리 무당파적이고 관조적 태도를 취한다. 진보적 진영 인사들은 진보성만큼이나 낭만적이다. 정치 문제에서는 '그 사람이 그 사람이고, 보수 정치인일 뿐이다'는 인식을 갖고 있다. 반대진영(보수진영)의 비난을 감수하며 싸우는, 집요한 권력욕 역시 부족하다. 대의민주주의 하에서 사회의 진보와 개혁은 정당의 선택, 즉 투표행위에서 출발한다. 모두가 정당운동에 참여해야 하는 것은 아니지만, 이러한 민주주의의 기본원리에 충실하게 사는 행동과 실천이 있어야 한다.

두 번째는 조로(早老) 현상이다. 특히 민주화 운동 인사들의 경우 이런 현상을 많이 볼 수 있다. '내가 이만큼 했는데…' 혹은 '내 나이에 무슨 일을 더…' 하는 태도를 많이 보인다. 이것은 반대로 자신이 철저한 민주주의자가 아니었다는 자기고백일 수 있다. 이런 점에서 김 대통령은 죽음 직전까지 민주주의의 위기를 호소하고, '행동하는 양심'을 외쳤다. 김 대통령은 투철한 민주주의자로 살았다. 민주주의자의 삶에는 은퇴란 없다.

역사의 디딤돌

아파트에 야당 당원, 시민운동가 한 사람이 사는 것으로 그 아파트 분위기는 달라진다. 학교운영위원회에 바른말 하는 사람이 한 사람만 있어도 그 학교는 달라진다. '남산골샌님'은 옳은 말, 바른말 하는 사람으로 지역 사회에 불편한 존재로 여겨졌지만, 공동체 성원들에게 규율과 규범을 다시 생각하도록 해주었다.

옛날 프랑스 레지스탕스가 산으로 들어가 해방투쟁을 벌일 때 밤마다 시간이 되면 하늘에 대고 총을 쏘았다고 한다. 레지스탕스에 자식을 보낸 산 아래 마을 가족들은 그 총소리를 듣고 '아직도 살아 있구나' 하며 안도하며 잠이 들었고, 토벌에 나선 독일 나치 군대들은 '아직도 죽지 않았구나' 하며 불안해 잠을 이루지 못했다고 한다.

우리는 자기가 처한 현실에서 설령 작더라도 바른 목소리를 내야 한다. 우리가 과거 어떠한 상황에서 어떻게 싸웠는지를 말해주어야 한다. 또한 그 경험을 바탕으로 우리 사회가 추구할 개혁적이고 진보적인 가치와 방향을 말해주어야 한다. 지금은 보수진영에 맞설 대안세력의 존망이 걸린

시기이다. 민주화 운동에서 경험했듯이 운동은 양이 축적되는 가운데 질적 변화와 도약이 이루어진다. 시대의 담론을 열어가고, 참여와 실천이 쌓이고, 그 속에서 소통과 공감을 넓혀가는 가운데 변화는 찾아온다. 1983년 전두환 독재정권 시절의 민주화 운동 단체인 민주화운동청년연합* 기관지 〈민주화의 길〉 창간사에는 다음과 같은 구절이 나온다.

"거대한 암벽을 기어오르는 자가 결코 추락의 공포에 떠는 일 없이 작은 바위 틈서리 하나 놓치지 않고 디디고 오르듯이 민주화 운동에 나선 우리는 아무리 작아 보이는 계기라 할지라도 적극적인 자세로 운동 발전의 디딤돌로 삼아야 합니다."**

우리가 과거 민주화 투쟁을 자랑스럽게 여기고, 민주주의자로서 자신의 삶을 생각한다면 암벽을 오르기 위한 '작은 틈서리'가 되고, 사회발전의 '디딤돌'이 되는 자세가 필요하다. 이것이 바로 '행동하는 양심'이다.

"몸 사리고 살 수 없다"

2009년 초 김대중 대통령은 비서관들에게 말했다.

---

* 민주화운동청년연합(약칭 민청련)은 1983년 전두환 독재정권에서 청년들의 참여 속에 탄생했다. 민청련은 뱀에 잡아먹혀 알을 부화시키는 독을 품은 두꺼비를 상징으로 내걸었다. 김근태 의장을 비롯해 수많은 청년들이 잡혀가고, 고문당하고, 감옥에 갇혔다. 민청련의 투쟁은 전두환 정권을 흔들리게 했고, 민주화 투쟁의 열기를 높이고 폭을 넓혀 마침내 1987년 6월 민주대항쟁으로 이어졌다.
** 민주화운동청년연합 기관지 〈민주화의 길〉 창간호 1984.3.25.

"나는 요새 하나님에게 기도한다. 내가 건강해서, 기가 막힌 시대에 한마디라도 거들 수 있도록 해달라고 기도한다. 나는 이승만의 자유당 정권 이래 1998년 정권교체까지 50년 동안 온갖 박해를 받으며 국민과 함께 싸워왔다. 고통 받은 국민들의 모습이 눈에 선하다. 죽은 사람, 가산을 탕진한 사람, 이혼한 사람, 감옥에 간 사람, 고문을 당한 사람, 직장에서 쫓겨난 사람, 자식을 취직도 시키지 못한 사람……눈물겨운 피 나는 희생이 있었다. 1998년 여야 정권교체하고 노무현 대통령에게 넘겨주면서 이제는 민주주의로 걱정할 일은 없다고 생각했다. 그러나 잘못 봤다. 지금 내가 죽을래야 죽을 수가 없다. 현역같이 정치활동을 할 수 없지만 지금 나는 맥시멈으로 하고 있다."*

김대중 대통령의 생애 마지막 순간에 가장 큰 걱정은 이명박 정부였다. 2007년 12월 이명박 후보가 대통령에 당선되자 김 대통령은 이명박 대통령 당선자에게 기대를 가졌다. 이 대통령이 기업을 한 분이고, 실용적 생각을 가진 분이기 때문에 나랏일을 잘 해나갈 것으로 기대했다. 이명박 대통령은 후보 시절 김 대통령을 찾아와 남북관계에서 햇볕정책이 옳은 방향이라고 몇 차례 말하기도 했다.

그러나 2008년 촛불집회 이후 이명박 정부에 대한 김 대통령의 걱정은 커졌다. 젊은이들이 거리에서 두들겨 맞고, 언론인들이 재판정에 서는 등 언론통제 의도가 노골화되고, 재임 중 심혈을 기울인 국가인권위원회의

---

* 2009년 1월 9일, 비서관회의에서 하신 말씀이다.

역할이 축소되고, 시민단체들이 압력에 시달리는 모습을 보면서 민주주의의 후퇴를 걱정했다. 2009년 1월 1일에는 "꿈만 같다. 민주정부 10년으로 민주주의는 반석 위에 있는 줄 알았다. 내가 착각했다"라고 자책하기도 했다. 그러면서 이명박 대통령이 이런 길을 간다면 불행해질 수 있다고도 말했다.

김대중 대통령은 이명박 정부 들어와 부자 편향의 정책이 계속되고, 사회복지가 축소되고, 800만 명에 이르는 비정규직의 처지와 생활형편을 바라보면서 서민들의 삶을 안타까워했다. 6.15공동선언과 10.4선언이 부정되고, 개성과 금강산 관광이 중단되는 등 남북관계가 반목과 대립으로 가는 것을 보고 '10년 공든 탑이 무너지고 있다'며 개탄했다.

김 대통령은 2009년 5월 23일 노무현 대통령 서거 소식을 듣고는 "내 몸의 절반이 무너지는 심정이다. 나라도 그랬을 것이다"라고 분노했다. 이때 김 대통령은 마음만큼이나 몸이 크게 상했다. 의료진은 5월 29일 노무현 대통령의 영결식 때 경복궁 담벼락 옆에 구급차를 대기시켜 놓고 만일의 경우에 대비하기까지 했다. 끝내 권양숙 여사의 손목을 붙잡고 오열했다. 노무현 대통령의 영결식이 있은 지 한 달 후인 2009년 6월 25일 김 대통령은 이렇게 말했다.

"나는 밤에 잠이 들기 전에 생각하는 시간을 갖는다. 내 인생도 생각하고 나랏일도 생각한다. 일생 50년 동안 민주주의, 서민경제, 남북문제와 싸워왔다. 앞으로 언제 죽을지 모르지만 몸 사려서 할 말 안 하고 그렇게 할 수 없다. 끝났으니(은퇴했으니) (후배들에게) 너희들

끼리 알아서 하라고 하면 되지 않느냐 하는데 도저히 그런 감정을 가질 수 없다. 노무현 대통령 돌아가신 것이 애석하다. 살아가시면서 둘이 나서서 했으면 큰 힘을 얻었을 것이다."*

김대중의 묘비

김대중 대통령은 대통령을 지내신 분으로서 이명박 대통령이 성공해야 나라가 성공할 수 있다는 생각을 가지고 있었다. 이 대통령의 불행은 국민의 불행이라고 생각했기 때문에 이 대통령이 올바른 방향으로 돌아와 주기를 바랐다. 김 대통령은 "나라가 잘못된 길을 가고 있을 때 먼저 말해 경계하도록 하는 것이 대통령까지 지낸 사람으로서 당연히 할 일"이라고 말했다. 그다음 날 김 대통령은 비서관들에게 또 같은 말을 했다.

"나는 결심했다. 이제 나이도 들고, 살 만큼 살았고, 대통령도 하고, 노벨평화상도 받고, 정치학 박사학위도 받았다. 국민의 은혜를 입지 않은 사람도 하는데 나는 과분한 국민의 은혜를 입은 사람이다. 쉬지 않고 민주주의, 우리 국민, 세계에 도움 되는 일을 할 것이다."**

---

* 2009년 6월 25일 신촌 어느 한 음식점에서 6.15 남북공동선언 9주년 행사위원들과 오찬에서 '담벼락에 대고 욕이라도 하라'는 말씀을 하신 후 사저로 돌아와 오찬행사의 소회를 밝히며 비서관들에게 하신 말씀이다. 행사위원들은 "이제는 우리들이 열심히 할 테니 대통령께서는 편히 쉬며 여생을 즐기시라"고 했는데 여기에 대해 화답의 말씀을 하신 것이다.
** 2009년 6월 26일 비서관들에게 한 말씀이다.

김대중 대통령은 이렇게 생애 마지막 순간까지 은퇴 없는 민주주의자의 삶을 살았다. 서울 동작동 국립현충원 김대중 대통령 묘 오른편에 세워진 추모비에는 김 대통령이 남긴 어록이 새겨져 있다.

"나는 내 일생이 고난에 찬 일생이었다고 생각하지만 결코 불행한 일생이라고는 생각하지 않는다. 나는 내 일생이 참으로 값있는 일생이라고 생각한다. 그것은 내가 무엇을 많이 성취했기 때문이 아니라 바르게 살려고, 국민을 위해서 충성을 다하려고, 우리 국민뿐만 아니라 세계의 모든 고통 받는 사람들, 세계의 모든 평화를 사랑하는 사람들, 세계의 모든 자유와 정의를 사랑하는 사람들을 위해서 충실하게 살려고 노력해온 일생이었다고 스스로 믿기 때문이다."[*]

김대중 대통령은 '행동하는 양심'으로 살았다. 김 대통령의 가치는 그가 대한민국의 대통령이 되고, 노벨평화상을 받은 데 있는 것이 아니라, 거기에 이르기까지 수많은 장애와 도전을 '행동하는 양심'으로 극복해냈다는 데 있다. 더욱이 생애 마지막 순간까지 자신의 원칙에 충실하고 실천하는 삶을 살았다는 데 있다.

---

[*] 이 묘비의 글은 김대중 대통령의 저술인 『행동하는 양심으로』(1985)의 '서문'에서 따온 것이다.

서생적 문제의식과 상인적 현실감각

성공하는 인생

김대중 대통령의 말 중에 널리 회자되는 말이 있다. 주로 정치인들과 젊은이들에게 당부하는 말인데 40여 년 전인 1960년대 6대 국회의원 시절에 한 말이다.

"서생적 문제의식과 상인적 현실감각"

김대중 대통령은 이 말을 정치활동에서나 생활에서 문제를 바라보고 일을 처리하는 지침으로 삼았다. 여기에서 말하는 '서생'이란 원리원칙에 충실한 사람을 말한다. 글만 읽어 세상일에 서투른 선비를 비유적으로 이르는 말이기도 하다. '상인'이란 돈을 벌기 위해 갖은 수단과 요령을 발휘하여 장사하는 사람을 말한다.

　김대중 대통령의 이 말의 참뜻은 '성공하는 인생'을 위해서 필요한 두 가지 태도를 가져야 한다는 것이다. '성공하는 인생'을 위해서는 '서생적' 태도만 가지고도 안 되고, 동시에 '상인적'인 태도를 가져야 한다는 뜻이다. 김 대통령은 이 말을 이렇게 설명한다.

> "먼저 성공하는 인생을 위해서는 '서생적 문제의식'을 가져야 한다. 원칙을 중시하고 무엇이 옳고 그른가에 대해서 따지고 그것을 지켜야 한다. 그러한 사람은 철학이 있고 비전이 있고 당당한 인생의 목표가 있는 사람이다. 그러나 그것만으로는 부족하다. '상인적 현실감각'이 필요하다. 장사하는 사람들이 손님 눈치 보고 돈 버는 궁리를 하듯이 현실 문제를 잘 처리해서 성공하는 것을 병행해야 한다. 둘 중에 하나만 가지고는 성공할 수 없다. 원칙을 지키는 사람은 잘못된 방향으로 가지 않는다. 그러나 그것만 가지고는 현실에서 성공할 수 없다. '상인적 현실감각'을 가지고 현실에서 성공하는 그러한 길을 가는 사람이 중요하다."*

　김대중 대통령의 설명은 사람은 먼저 '서생적' 태도를 가져야 하지만, 그것만으로 부족하고 '상인적'인 태도를 가질 때 현실에서 성공할 수 있다는 것이다. 또 다른 김 대통령의 설명은 이렇다.

---

* 김대중, 전북대 초청강연과 질의응답, "한반도 평화와 통일의 전망", 2007.4.6.

"다시 말하면 이상과 현실의 조화 속에서 살아가라는 것이다. 이상에만 집착하면 공허해지고 현실적으로 좌절할 가능성이 많다. 반면에 현실에만 집착하면 이상은 힘을 잃고 인생을 값없이 낭비하게 된다. 따라서 이 두 가지가 반드시 조화롭게 상호작용을 하는 것이 중요하다. 우리는 바르게 살아야 한다. 동시에 현실사회에서 성공도 해야 한다. 바르게 살려고 노력할 때 현실을 생각해야 하고, 현실에서 성공하려고 힘쓸 때 바르게 사는 인생을 생각해야 한다. '서생적 문제의식과 상인적 현실감각'을 조화롭게 살려나갈 때 우리는 이상의 돛을 달고 현실의 뒷바람을 받으면서 성공하는 인생을 살게 될 것이다."[*]

김대중 대통령이 강조하는 것은 '성공하는 인생'이다. 이것을 위해서는 이상과 현실을 조화시키는 태도가 중요하다는 것이다. 김 대통령은 원칙과 철학을 가진 정치인으로 국민과 역사를 믿는 분이었지만, 동시에 현실에 성공해야 한다는 점을 강조했다. 이 점에서 현실의 성공 여부는 중요하게 여기지 않는 지사형(志士型) 정치인과는 확연히 달랐다.

우리 주변에서 '서생적 문제의식'을 가진 사람들을 많이 본다. 이런 분들은 원칙에 충실하고 당당하게 보이지만 간혹 고집스럽기도 하고 원칙주의자로 보이는 경우가 많다. 강직하고 타협할 줄 모르며 최선만을 추구한다. 그러나 사업이든 인생이든 성공하기 위해서는 그것만으로는 부족하다.

---

[*] 김대중, 한신대학교 개교 65주년 초청강연, "한반도 평화와 민족의 미래", 2004.5.12.

'서생적 문제의식'을 가진 사람의 입장에서 볼 때 '상인적 현실감각'으로 사는 사람은 당당하지 못하고 비굴해 보이기도 하고 체면도 모르는 사람으로 보일 수도 있다. 그러나 현실의 문제는 복잡다양하며 원리원칙만을 가지고 해결될 수 없는 경우가 많다. '상인적' 태도를 가지고 요리조리 살피고 해결방안을 찾아가는 것이 필요하다.

'서생적 문제의식'과 '상인적 현실감각'이 가장 필요로 하는 사람은 아마도 정치인일 것이다. 정치는 국가와 민족의 장래, 사회발전, 백성들의 안정된 생활이라는 거창한 목표를 가지고 있다. 이러한 목표를 달성하기 위해서는 수많은 정책들이 필요하다. 그러기 위해서는 '서생적 문제의식'을 가지고 무엇이 문제이고, 어떻게 하면 문제를 해결할 수 있는지를 공부하고 연구해야 한다.

그러나 좋은 정책이 세워졌더라도 그 정책을 실현하기 위해서는 현실정치에서 영향력을 행사할 만한 힘을 가져야 한다. 정권을 잡아 자신의 정책을 실현할 기회를 갖거나 의원이 되어 법률을 제정하고 예산을 배정해서 자신이 세운 정책을 펼칠 수 있어야 한다. 정치에는 정당활동, 선거, 정치자금 모금, 국회나 장외에서의 여야 간의 경쟁 등 많은 정치활동이 있다. 김 대통령은 "정치는 심산유곡에 핀 한 떨기의 순결한 백합화가 아니라 흙탕물 속에 피어나는 연꽃"* 이라고 말했다. 이러한 '흙탕물'과 현실의 정치활동은 '서생'의 입장에서는 피하고 싶은 일이겠지만, '서생적 문제의식'으로 세운 목표와 정책을 실현할 길을 찾는 과정은 '상인'의 태도가 필

---

* 김대중, 『다시, 새로운 시작을 위하여』 130쪽, 김영사, 1993.

요하다.

"세 번 생각하라"

성공하는 리더십을 갖추기 위해서는 생각과 행동이 유연해야 한다. 김대중 대통령의 장점은 능소능대(能小能大)하는 자세에 있었다. 작은 일도 잘 처리할 줄 알고, 큰일도 잘 처리할 줄 알아야 한다. 거리에서 만나는 사람과도 대화할 줄 알고, 이름 있는 학자와도 대화할 줄 알아야 한다. 이것은 생각보다 쉬운 일이 아니다.

생각이 유연하다는 것은 생각이 한쪽에 치우치지 않고 자기 생각만을 고집하지 말아야 한다는 것을 말한다. 그러기 위해서는 무엇이 필요할까?

먼저 자신의 심성을 유연하게 가다듬는 것부터 시작해야 한다. 김대중 대통령은 비서들에게 그리스 로마 신화, 대문호들의 소설, 역사서와 같은 고전을 많이 읽으라고 강조했다. 거기에서 인간과 역사를 배우고 자신의 심성을 가꾸라는 것이다.

고전 속에는 악인도 있고, 선한 사람도 있고, 비겁한 사람도 있고, 용감한 사람도 있다. 간교한 사람, 배신하는 사람, 무식한 사람, 부자와 가난한 사람 등 인간 군상이 있다. 이러한 인간 군상에 대한 이해가 있어야 우리의 사고도 유연해질 수 있다. 인생을 바라보는 여유를 찾을 수 있다.

역사 또한 마찬가지다. 고전에는 승리와 패배, 도전과 응전의 역사가 모두 들어 있다. 환희와 영광도 있고, 좌절과 안타까움, 흥과 한이 모두 들어 있다. 이런 양 측면을 이해할 때 우리의 생각은 유연해질 수 있다.

또한 유연한 리더십의 기본은 말을 조심하고 가려서 해야 한다는 것이다. 김 대통령은 야당 하는 사람들이나 재야 사람들이 말이 거칠어지고 강팍해지는 것을 경계했다.

"내 경험으로는 오래 핍박받고 야당하면 사람이 거칠어지고 언어 사용에 뒤틀린 투를 많이 쓰게 돼요. 아마 밖의 분들도 그럴 거요. 그러나 당신과 나는 입장이 다르니 그러지 않도록 노력해야 할 것으로 믿소."*

김대중 대통령은 군사독재 시절 아래서도 그런 거친 태도와 말은 자기만족은 될지 모르지만 상대방 정권으로부터 공격의 빌미만 제공하지 아무런 이익이 없다고 항상 주위 사람들에게 주의를 주었다. 더욱 문제는 그렇게 하는 동안 부지불식간에 그런 강팍해진 심성이 되어 있는 자신을 발견하게 된다는 것이다.

김대중 대통령은 비서들에게 "세 번 생각하라"고 주문 외우듯 강조했다. 이것을 변증법의 정반합(正反合) 논리로 설명했다. 첫 번째 생각이 정리되면, 그다음에 첫 번째 생각의 반대 측면을 생각해보라는 것이다. 첫 번째 생각대로 할 경우에 나타날 수 있는 일들, 관계된 사람들이 어떤 반응을 보일지를 두 번째로 생각하라는 것이다. 그렇게 해서 첫 번째 생각과 비교하고 종합해서 세 번째 생각을 만들어 말하고 행동하라는 것이다. 그

---

* 김대중, 『옥중서신 1』 1978년 7월 27일자 '못으로 눌러 쓴 메모', 70~71쪽, 시대의 창, 2009.

렇게 하면 실수를 줄일 수 있다는 것이다.

심성을 가꿔라

김대중 대통령은 화초 가꾸기를 좋아하고 동물을 좋아했다. 1980년 사형수로 감옥에 있을 때에도, 동교동 사저의 연금생활 중에도, 1992년 정계 은퇴 후 케임브리지에서 생활할 때도 화초 가꾸기를 멈추지 않았다. 1981년 청주교도소에 화단을 가꾸는 일은 감옥생활에서 '가장 기쁜 시간'이었다. 화초들이 햇볕을 잘 받도록 자리를 옮겨주고, 물을 주고 열심히 돌봤다.

돌아가시던 해인 2009년 봄 김대중 대통령은 운전기사나 승용차에 동승하는 수행비서에게 사저 정원의 나무들에 대해 자주 물었다. 뒤뜰 감나무에는 감이 열렸는지, 모과나무에는 꽃이 피었는지, 석류나무는 어떤지를 물었다. 연붉은 석류꽃이 예쁘게 피고, 감나무에는 도토리만한 감들이 셀 수 없이 열린 것을 보고 기뻐했다. 김 대통령은 모과나무 꽃을 참새들이 먹어치웠다는 이야기를 듣고 걱정하기도 했다.

동교동 참새들은 김 대통령 덕에 포식을 했다. 김 대통령은 아침저녁으로 비서들을 시켜 쌀을 정원에 뿌려주게 했다. 그리고 자주 '오늘은 몇 시에 모이를 줬느냐'고 확인했다. 많이 날아올 때는 100여 마리가 날아왔다. 비둘기들도 모였다. 동교동 참새들은 '김 대통령 정원에 가면 먹을 것이 있다'고 서로 연락을 하는 것 같았다. 대통령 사저 정원은 참새들의 놀이터요, 식사 장소가 됐다. 새 모이 주기는 1970, 80년대 연금생활 때부터 수십 년간 해온 대통령의 취미생활, 생활습관 중 하나였다. 김 대통령은 1992년 정계를 은퇴하고 영국 케임브리지 대학에 있을 때도 화초를 가꾸고 참새들에게 모이 주기를 계속했다.

김 대통령은 개를 좋아했다. 1960년대 국회의원 시절 집에서 키우던 '똘똘이'란 이름의 치와와가 집을 나가 돌아오지 않고 있다는 소식을 듣고 국회에서 한걸음에 달려와 이희호 여사를 책망하기도 했다. 또 TV 프로그램 중 〈동물의 왕국〉을 좋아했다.

김 대통령은 섬들로 둘러싸인 호수 같은 바다를 좋아했고, 낮은 언덕에 진달래가 방석처럼 넓게 피어 있는 풍경을 좋아했다. 가을에는 코스모스 밭을 찾았다. 한강의 아름다움을 예찬하며 한강변을 드라이브하기를 즐겼다. 대통령이 되어 받은 첫 환경부 업무보고에서 김 대통령은 자신의 자연관, 환경관을 이렇게 말했다.

"저는 동물 영화를 좋아해서 동물 영화가 TV에 나오면 꼭 봅니다. 거기에 보면 동물들이 서로 잡아먹고 그러는데 그런 것에 비해서 인간들이 동물들을 멸종시키고 학살시키는 것은 이루 말로 할 수 없습니다. 우리가 들을 귀를 갖고, 볼 수 있는 눈을 갖고 보면 지상 만물의 산천초목과 공기가 인간 때문에 못살겠다고 아우성치는 것이 우리 귀가 찢어질 정도로 들릴 것입니다. 동양사상에서 '천하태평'이라는 말이 있는데, '천하태평'이라는 말은 하늘 아래 모든 것이 태평하다는 것입니다. 인간만이 아니고 자연과 모든 것이 같이 태평하다는 거예요. 부처님은 '모두에게 불성이 있다'고 했습니다. '흙과 물과 공기가 모두 부처님이다'라고 말했어요. 그러니까 모두를 완전히 인간과 똑같이 귀중하게 생각한 것입니다."*

이처럼 김대중 대통령은 "대지는 어머니이며, 만물은 형제다"라고 생각했다. 그리고 화초와 참새들과 대화를 즐겼다. 이를 통해 김 대통령은 자연과 인생의 이치를 깨닫고 자연과 하나 되는 심성을 가꾸었다. 거기에서 인생을 관조하고 복잡한 현실 앞에서 여유를 가지며 현실을 헤쳐 나갈 지혜를 찾고자 했다.

사람의 본성은 선할 수도 악할 수도 있지만, 선한 것을 가꾸는 사람은 선한 것이 커진다. 김 대통령은 자연과의 친화 속에서 선한 심성을 잃지 않고, 그 힘을 키우고자 했다. 아무리 환경이 혹독해도 자신의 선한 심성을 키우고 가꾸는 사람은 은연중에 그 심성이 드러나게 마련이다.

리더는 자신이 다른 사람에게 어떻게 비칠지를 항상 생각하는 사람이다. 사람들은 원칙, 철학, 이념, 정책에 앞서 그 사람의 심성이 어떠한지를 먼저 느끼고 보게 된다. 이러한 점에서 리더는 심성을 가꾸는 일을 게을리해서는 안 된다.

그 방법은 앞에서 말한 것처럼 인간의 삶과 역사를 기록한 고전을 많이 읽는 일과 더불어 자연과의 친화, 문화 예술에 대한 관심 등 여러 가지가 있을 수 있다.

---

* 김대중 대통령이 1998년 4월 10일 과천 정부청사에서 대통령 취임 후 처음으로 환경부 업무보고를 받고 한 말씀이다.

또한 김대중 대통령은 폭력을 반대했다. '비폭력 무저항'이 아니라 '비폭력 적극 저항'을 강조했다. 폭력투쟁은 해서도 안 되고, 성공할 수 없으며, 성공해도 결과가 나쁘다고 말했다. 인도의 간디는 영국과 싸울 때 비폭력으로 영국을 굴복시켰고, 미국의 마틴 루서 킹 목사도 비폭력으로 성공해 미국인의 존경을 받고 있다고 말했다. 폭력을 쓰면 더 큰 폭력을 유발하고, 그 책임은 폭력을 쓴 사람이 지게 된다고 했다. 그래서 폭력은 순리의 길도 아니고 계산상으로도 맞지 않다는 것이다. 폭력은 유연한 생각, 유연한 행동과는 정반대의 행동이다. 더욱이 자신의 심성을 더욱 어둡고 거칠게 만드는 일이다.

실사구시의 리더십

창의성

　유연한 생각과 행동에서 창의성이 나온다. 자기만의 생각을 고집하는 사람에게는 창의성이 나올 리가 없다. 김대중 대통령은 창의성이 없는 사람, 의견이 없는 사람을 멀리했다.
　그리고 젊은 세대의 감각과 생각을 중시했다. 경직된 사고를 가지고 있거나, 구시대의 사고와 태도로 일하는 사람을 멀리했다. 젊은 사람도 낡은 사고에 젖어 있는 사람은 늙은이와 같고, 나이 든 사람도 창의적인 생각을 가진 사람은 청년과 같다고 말했다. 창의적인 생각을 가지려면 유연해져야 한다.
　김대중 대통령에게서 배울 점은 정치적 창의성, 정책적 창의성이다. 정치적 창의성은 70년대의 '40대 기수론', '망명투쟁',* 'DJP연합' 등에서 찾을 수 있다. 정책적 창의성은 '대중경제론', '4대국 평화보장론', '햇볕정책', '외환위기 극복', '생산적 복지', 'IT정책' 등에서 찾을 수 있다. 김 대통령은 시대와 세계의 변화와 조류를 인식하고 정치와 정책을 대중의 요구에 맞게 만들어내는 데 탁월한 능력을 보여주었다. 김 대통령은 정치를 하면서 국민들에게 답답한 모습을 보여주지 않았다. 국회나 장외의 연설, 말과 글, 정책을 통해 대중의 관심과 공감을 얻었다. 항상 새롭고 변화된 모습으로 대중을 만났다.

유연한 리더십은 경험과 지식을 병용하는 것이다. 김대중 대통령은 직접 경험하지 못해도 책이나 신문을 통해 경험하고 받아들였다. 경험하는 것과 원리를 파악하는 것을 병행해서 지식을 확장했다. 해보지 않아 모르겠다는 태도는 유연한 리더십이 아니다.

김대중 대통령은 컴퓨터를 잘하지 못한다. 인터넷도 비서들의 도움을 받아야 할 수 있다. 퇴임 후 한번은 "컴퓨터를 배워보지 않으시겠느냐?"고 했더니 이렇게 말했다.

> "모두 자기가 경험할 수는 없다. 그러나 원리를 알면 경험하는 것과 마찬가지다."

김대중 대통령은 컴퓨터와 인터넷이 가져다주는 세상의 변화를 꿰뚫고 있었다. 2008년 봄 촛불집회에서 나타난 네티즌의 힘, '댓글'이 갖는 여론

---

* 김대중은 70, 80년대 두 차례의 망명투쟁을 통해 한국정치를 국제적 이슈로 만드는 데 성공했다.

형성에서의 역할에 대해서도 잘 알고 있었다. 청와대 시절에도 인터넷 댓글 동향 보고서는 최고 인기 있는 보고서 중의 하나였다.

실사구시

　김대중 대통령의 삶에서 또 하나 특징적인 것은 '실사구시' 정신이라고 할 수 있다. 앞에서 말한 '상인적 현실감각'과도 일맥상통하는 정신이다.
　김대중 대통령은 평생 많은 휘호를 붓글씨로 써 주위 사람들에게 주곤 했는데, 여기에서 가장 자주 쓰는 글귀가 바로 '실사구시(實事求是)'이다. 김 대통령은 특정 이념에 얽매여 정책을 세우거나 일을 처리하지 않았다. 원칙과 철학은 분명하게 가지고 있었지만, 자신을 특정한 이념으로 규정하는 것은 찬동하지 않았다.
　'실사구시'란 현실에서 시시비비를 따져 진리를 찾는 것이다. 공리공론이 아닌 백성의 생활에서, 자기가 처한 역사적 상황 속에서 올바른 길을 찾아나가는 것이다. 김 대통령은 민주주의, 사회정의와 같은 자신의 원칙과 철학을 성공적으로 관철해 나가는 데 실질적으로 도움이 되는 것이 올바른 길이라고 생각했다. 그런 점에서 김 대통령은 현실주의자라고 할 수 있다.
　김대중 대통령은 진보진영으로부터 신자유주의자라는 지적을 받는다. 이것은 1998년 대통령에 취임하고 나서 취한 대외개방정책, 노동 유연성 정책 등 일련의 정책 기조와 그 결과를 두고 하는 말이다. 개방정책은 기업과 금융을 세계경제에 편입, 종속시키는 결과를 낳았고, 정리해고제, 탄

력근무제 등 노동 유연성 정책은 비정규직을 대량 양산함으로써 사회의 양극화를 초래했다는 것이다.

김대중 대통령은 생전에 이런 비판에 대해 크게 대응하지 않았다. 그러나 김 대통령은 "민주노총과 전교조를 합법화하고, 노동조합의 권리를 보장하고, 기초생활보장제와 4대보험의 정비 등 '생산적 복지' 정책을 추진하고, 부족했지만 벤처·중소기업 정책에 노력을 기울이고, 재벌개혁을 추진한 '국민의 정부'를 우파 신자유주의 정부와 동일시하는 것은 이해할 수 없다"고 말했다.

김대중 대통령은 세계화 시대에 개방정책은 피할 수 없으며 오히려 세계와 경쟁하는 적극적인 태도로 시대의 변화에 응전해야 한다고 생각했다. 기업이든, 개인이든 세계와 경쟁해서 살아남아야 한다는 것이다. 임기 마지막 해에 칠레와 FTA(자유무역협정)를 체결하고, 노무현 대통령의 참여정부가 취한 미국과의 FTA도 이런 입장에서 찬성했다.

노동의 유연성 문제도 1998년 당시 당면한 국가위기 앞에서 선택한 조치였다. 이것이 가져올 불안한 측면도 잘 알고 있었지만, 당시로서는 국가적 위기를 벗어나야 하는 것이 현실적인 일이었다. 대신 노사정위원회를 통한 사회적 합의를 강조했고, 많은 예산을 투입해 실업대책을 추진하고, 각종 고용대책을 추진하여 지금 우리가 누리고 있는 실업수당, 노동자들의 교육훈련 제도 등 각종 고용정책을 정비했다. 이러한 노력으로 '사회안전망'의 기본틀을 만들었다는 평가를 받았다. 부족했던 것도 있었고, 한계도 있었지만, 김 대통령은 '분배의 정치'를 위해 노력했다.

외환위기와 리더십

김대중 대통령은 퇴임 후 한 언론과의 인터뷰에서 IMF 외환위기 당시 취한 정책과 관련해 이렇게 말했다.

"우리는 오랜 독재정권에 시달리면서 빈부격차가 심하고 분배가 부족한 정치를 하고 있습니다. 현재 우리나라의 800만 명 이상의 노동자가 임시직입니다. 이런 노동자들은 외식할 여유도 없고, 휴가 갈 여유도 없습니다. 그러니까 식당이 안 되고, 바캉스 산업도 잘 안 되고, 의류산업 역시 잘 안 됩니다. 왜냐하면 임시직 월급 받아서는 겨우 입에 풀칠하는 것 외에는 다른 일을 할 수 없기 때문입니다. 월급으로 자식들 교육비 대고 나면 그것도 모자라죠. '국민의 정부'에서 그걸 시작했기 때문에 저도 지금 그때 판단을 잘했느냐 하는 반성이 있습니다. 그러나 그 후로 상상도 못하게 너무 많이 임시직이 늘어나 버렸어요. 그때는 외환위기 상황으로 아주 어려울 때니까 기업을 살리려면 어느 정도 정리를 할 수밖에 없는 상황이었기 때문에 그것을 구실로 했는데 그때 생각했던 것보다 엄청나게 늘어 이제 임시직이 정규직보다 숫자가 많아졌습니다. 같은 일 하고 월급은 반도 못 받고, 그걸 누가 받아들이겠습니까. 이런 문제는 고쳐야 합니다. 여하튼 이만한 부자가 된 나라가, 세계에서 경제적으로 12, 13위 하는 나라가 노동하면서 밥도 못 먹고, 자식들 교육도 잘 못 시키고, 건강도 제대로 유지 못하고, 그런 사람이 근로자들의 반수 이상이 된다고 하면 그것이 어떻게 건전한 발전이 될 수 있겠습니까."*

김대중 대통령은 대통령 취임 후 취한 노동 유연성 정책에 대해 과연 잘한 것인지 반성도 있지만, 국가적 위기 상황에서 그 위기를 벗어나기 위해 실시한 정책이었다고 고백했다. 그리고 그때는 그 정책으로 나라의 위기를 벗어나는 데 성공했지만, 이제 또 다른 결과로 나타나고 있기 때문에 '분배의 정치'의 입장에서 고쳐 나가야 한다는 것이다.

김대중 대통령은 1997년 12월 대통령에 당선된 후 2개월간의 당선자 시절과 1998년 2월 취임 후 1년여 동안은 밤잠을 설칠 정도로 위기의식에 쌓여 있었다. 김 대통령은 한국사회가 IMF 외환위기로 사회적 위기가 오고 이것이 정치적 파국으로 치닫는 것을 염려했다. 당시 하루에도 수만 명의 실업자가 발생하고 노숙자들은 거리에 넘쳤다. 김 대통령은 노사갈등 등 사회적 혼란이 극대화되고 국제사회가 우리를 외면하고 결국에는 국가 부도가 현실화되는 파국을 염려했다. 실제 그때는 그런 위기상황이었다.

그 과정에서 김 대통령은 노사정 간의 대타협**을 이끌어내고 노동자들과 재벌들에게 고통분담과 구조개혁을 요구하고 '금모으기 운동'***

---

* 김대중, 〈Korea Times〉 인터뷰, 2008.8.15.
** 노사정위원회는 외환위기를 맞아 사회적 대타협을 통한 노사관계를 해결하고자 김대중 대통령 당선자 시절인 1998년 1월 구성되었다. 당시 노동자, 사용자, 정부 3자 간에 맺은 합의는 우리나라 최초의 사회협약으로 평가받는다.
*** 금모으기 운동은 1997년 IMF 외환위기 당시 대한민국의 외채를 갚기 위해 시민들이 자발적으로 자신이 가지고 있던 금을 내놓은 운동이다. 전국적으로 349만 명이 참여한 이 운동으로 약 21억 달러의 금이 모여 외환위기 극복에 실질적인 도움이 되었다. 이 운동은 외환위기를 극복하려는 우리 국민의 의지를 보여준 것으로 국제사회를 놀라게 했다.

으로 국민통합을 이끌어냈다. 이것이 국제사회의 신뢰를 얻어 외환위기를 빠른 시일 내 극복할 수 있게 했다. 아마도 수십 년간의 정치 역정 속에서 이때 보여준 리더십이야말로 가장 역동적이었다고 할 수 있다. 그 성과는 민주화 투쟁에서 보여준 리더십에 버금가는 것이었다.

만일 그때 이해집단의 요구에 끌려 다니면서 개혁을 위한 결단을 주저했다면 우리나라는 어떻게 됐을까? 아마도 남미의 여러 나라에서 보여준 사회적 갈등이 현실화되고, 이것이 한편으로는 정치위기로 발전하거나 다른 한편으로는 장기간의 경기침체로 빠졌을지도 모른다.

명분론 vs 현실론

김대중 대통령의 현실주의적, 실사구시적 태도를 보여주는 것으로 해방공간에서 김구 선생이 정치인으로서 보여준 태도에 대한 해석을 들 수 있다. 당시 김구 선생은 이승만 박사가 자유당을 만들어 총선에 참여할 때 남한만의 단독정부, 단독총선에 반대해 선거를 보이콧했다. 김대중 대통령은 김구 선생의 이 판단은 잘못됐다고 생각했다. 만일 김구 선생이 당시 한독당을 이끌고 총선에 나갔다면 자유당이 얻은 만큼의 의석을 얻거나, 혹은 더 얻을 수 있었고, 설령 한독당이 야당이 됐다 하더라도 그 후 진행된 이승만의 독재와 친일파의 득세를 견제할 수 있었다고 생각했다.

이와 같은 김 대통령의 현실주의적 생각은 여러 곳에서 나타난다. 김 대통령은 조선시대 병자호란 때 명나라에 대한 의리만을 강조해 삼전도(三田渡)의 굴욕을 당한 '주전론'의 입장을 비판적으로 보고 신흥강국 청과의 강화를 통해 나라를 보전하고 백성을 살리고자 했던 '주화파'의 주장을 긍정적으로 보았다.

김대중 대통령의 이러한 생각은 외교정책에서도 나타난다. 1965년 한일수교협상 당시 '사꾸라'라는 말을 들어가면서까지도 한일국교정상화를 해야 한다고 주장했다. 당시 김 대통령은 한일수교는 해야 할 일이며, 식민지 배상을 최대한 얻어내면서 수교협상을 해야 한다고 주장해 당시 한일수교협상을 반대하던 측으로부터 비난과 공격을 받았다. 1990년 초반 중국과의 수교가 논란이 될 때도 대만과의 국교를 단절하고 '중공'을 유일한 합법정부로 인정해야 한다고 앞장서 주장했다. 이것이 국제사회의 현실이고, 국가이익에 부합된다는 것이다.

김대중 대통령은 명분론만을 앞세운 주장을 올바른 접근방식으로 보지 않았다. 항상 최선이 무엇인지를 생각했지만 차선을 택하는 것을 주저하지 않았다. 시대의 대세와 국가와 국민에게 실질적인 이익이 무엇인지를 먼저 따졌다. '실사구시'의 태도는 국가와 국민들, 그리고 그 시대와 역사가 필요로 하는 현실의 정책을 내놓고 실천하는 것이다.

중도주의

김대중 대통령은 중도주의 정치인이다. 정치이념을 굳이 따져서 말하자면 '중도좌파'라 할 수 있다. 미국의 민주당, 유럽의 여러 사회민주당 계열과 유사한 정치이념을 가지고 있고, 정책적 유사성도 가지고 있다. 실제 해외언론들은 김대중 대통령이 서거하자 '한국에서 가장 잘 알려진 좌파

정치인'이 서거했다고 보도했다. 집권 이전의 '대중경제론'이나 집권 이후 제시한 '민주주의와 시장경제의 병행발전론', '생산적 복지론'을 보면 이런 점이 분명히 나타난다.

김대중 대통령은 자신이 이끈 민주당을 '중산층과 서민의 당'이라고 표현했고, 한국 정당사에 처음 있는 일이라고 말했다. 한국 정치사에 우파 정당과 노동자 정당은 있었지만, 서민과 중산층의 권익을 대변하는 중도주의 정당은 제대로 없었다.

'실사구시'와 '중도주의'는 김대중 대통령의 정책기조를 설명하는 두 축이다. 두 가지 모두 공통적인 것은 특정한 이념에 얽매이지 않고 현실의 국가와 국민에게 필요한 것이 무엇인지를 따져서 해결해간다는 것이다. 이 두 주제는 '김대중 리더십'의 원리이기도 하고 실제이기도 하다.

이와 관련해 김대중 리더십을 철학적으로 말하면 중용(中庸)의 리더십이다. 김 대통령이 살던 동교동 집 2층 서재 오른편에는 서예 작품 액자가 하나 걸려 있다. 백범 김구 선생이 쓴 '윤집궐중(允執闕中)'이라는 휘호 액자이다. '윤집궐중'이란 사서(四書) 중 『중용』이라는 책의 서문 격으로 주자가 쓴 〈중용장구서〉에 나오는 말로 '오로지 그 한가운데를 취하라'는 뜻이다. 원래 이 글은 16자로 된 구절의 마지막 구절이다.

"인심유위(人心惟危) 도심유미(道心惟微) 유정유일(惟精惟一) 윤집궐중(允執闕中)"

그 뜻은 대략 "사람의 마음은 위태롭고, 진리[道心]는 미묘하다. 오로지 정성을 다하고 하나의 마음을 가지고, 그 가운데를 취해야 한다"는 뜻이다.

　김대중 대통령은 자신이 정치를 하는 가운데 국민의 마음을 알고자 했고, 올바른 길, 진리를 찾고자 했다. 그러나 사람들의 마음은 한곳에 머물지 않고 위태롭게 흔들리고, 심지어 변덕스럽기까지 한다는 것도 잘 알고 있었다. 진리 역시 불변이지 않고 간파하기 힘들고 미묘하다는 것을 너무도 잘 알고 있었다. 거기에 대처하는 방법은 그 가운데를 잡는 길밖에 없는데, 그러기 위해서는 오직 정성을 다하고 하나의 마음을 굳게 가져야 한다는 것이다.

　'인심'(국민의 마음)과 '도심'(진리)은 무한히 변화한다. 무릇 리더들은 '국민의 마음은 이것이다'라고 단정해 교만하지 말아야 한다. 정성을 다해 그 실체를 알고자 노력해야 한다. 또 '이것이 진리다. 이것이 참이다'라고 섣부르게 단정하지 않고 그 중간을 찾는 일에 열중해야 한다. 그래도 쉽게 손에 잡히지 않는 게 '인심'이고, '도심'이다.

연습벌레

준비와 연습

  김대중 리더십에서 가장 강조하고 싶은 것은 준비와 연습이다. 상인적 자세의 면목을 보여주는 대목이다. 김 대통령은 준비벌레, 연습벌레다. "천재는 1%의 영감과 99%의 노력으로 이루어진다"는 말이 있다. 김 대통령의 경우도 마찬가지다.

  김대중 대통령은 모든 일을 철저하게 준비한다. 지나칠 정도로 세밀하게 모든 일을 살핀다. 그리고 같은 사안이라도 다른 경로를 통해 확인하고, 다른 측면에서 그 일을 살펴본다. 꼼꼼하고 세심하다. 그렇게 해서 그 일의 완벽한 상을 그려낸다. 그리고 그 속에서 당신의 역할이 무엇인지를 또다시 머리에 그려본다.

  많은 경우 지도자들이 실수하는 것은 작은 일에서다. 지도자의 비전이나 정책도 중요하지만 사소하게 보이는 일에서 실수한다. 지도자는 큰일, 큰 구상을 하는 사람이지만, 그 일을 성공시키기 위해서는 작은 일을 세밀하고 꼼꼼하게 준비하지 않으면 안 된다.

2000년 6월초 남북정상회담을 앞두고 청와대에는 내로라하는 남북관계 전문가들이 남북정상회담 모의연습을 위해 모였다. 전문가들에게는 김 대통령이 평양에서 만날 북측의 김정일 위원장을 비롯한 주요 인사들의 역할이 부여됐다. 전문가들은 북측 인사의 대역이 돼 북측이 제기할 것으로 예상되는 주장, 즉 미군철수 문제, 연방제 통일론, 국가보안법 등에 대해 질문을 하고 이에 대해 대통령이 답변하고 상대방을 설득하는 연습이었다. 이 모의연습은 무려 6시간이나 계속됐다. 이 모의연습에서 나눈 대화는 며칠 후 평양에서 김정일 위원장과 김영남 상임위원장과의 대화와 토론에서 그대로 재현됐다. 이처럼 김 대통령은 중요한 국제회의, 정상회담 등을 위해 철저히 준비했다. 상대방과 관련된 정보를 확인하고, 무슨 말을 어떻게 할지를 연구하고, 할 말이 정해지면 직접 해보는 연습을 쉬지 않았다.

강연이나 인터뷰 요청의 경우에도 마찬가지이다. 요청이 오면 당신이 가서 해야 할 일인지부터 먼저 판단한다. 주최측이나 언론사의 요청을 검토하고 여러 사람들의 의견을 듣는다. 그리고 강연의 경우에는 주최측이나 청중들이 무엇을 듣기 원하는지를 알아본다.

인터뷰의 경우는 해당 언론사의 관심뿐 아니라, 자신의 발언이 지금의 정치 정세 등에 어떤 영향을 줄지를 먼저 생각한다. 그런 다음에 각종 자료들을 검토하고 메모한다. 책, 신문, 보고서 등을 읽고, 각종 통계자료와 수치 등을 숙지한다.

그러고 나서 하는 일이 연설이나 인터뷰 요지를 글로 먼저 써보는 것이다. 재임 중에는 강연 요지, 인터뷰 요지, 국무회의 등 각종 회의에서 발언할 내용을 적은 노트가 27권이나 된다. 퇴임 후에도 6권의 노트를 남겼다. 마지막으로 남긴 것 중에 하나가 노무현 대통령 추도사 요지였다. 말미에 '정부 반대로 하지 못함'이라고 적혀 있다. 당시 정부는 전례가 없다는 이유로 김 대통령의 추도사를 가로막아 여론의 지탄을 받기도 했다. 최후의 연설 요지는 원고를 만들어 놓고 병원 입원(2009. 7. 13)으로 낭독하지 못한 주한 유럽연합상공회의소 연설문(2009. 7. 14 예정) 요지였다.*

생각을 정리한 요지가 정리되면 연설문을 작성하기 시작한다. 직접 작성하거나 비서를 불러 구술을 한다. 구술을 프린트해 거기에 2, 3차례 수정을 가하면 연설문이 완성된다.

무대에 오르기 전

여기서 모두 끝난 게 아니다. 여기부터가 중요하다. 연설문이 완성되거나 인터뷰 요지가 정리되면 반복해서 연습을 한다. 비서관들 앞에서 직접 해보거나, 찾아오는 손님에게 직접 해본다. 청와대에서는 영빈관에서 열리는 오만찬 행사에서 직접 해본다. 심지어 화장실이나 서재에서도 중얼중얼 연습한다.

---

* 김대중, 주한 유럽연합상공회의소 초청 연설, "9.19로 돌아가자", 2009.7.14. 이 연설문은 김 대통령의 병원 입원(7. 13)으로 낭독하지 못한 미발표 연설문이다.

김 대통령은 내용이 잘 전달되기 위해서는 발음과 표현이 정확해야 한다고 생각했다. 내용뿐 아니라 발음, 표현 등 전달의 형식도 귀중하게 생각한다. 마치 무대에 오르기 전 대본을 외우는 배우와 같다. 웅변대회에 앞서 원고를 외우는 어린 학생과도 같다. 영어 연설일 경우에는 연습을 더 많이 한다. 먼저 통역이나 원어민에게 연설문을 녹음하게 하고 녹음기를 여러 차례 듣고 반복하면서 따라 한다. 대통령 재임 중에는 이동하는 차 안이나, 대통령 전용 비행기 안에서도 녹음기를 들었다.

그러고 나서 무대에 오른다. 연설은 원고를 보고 낭독하지만, 특히 인터뷰의 경우에는 원고를 보지 않고 한다. 완전히 숙지한 상태에서 출연한다.

김대중 대통령이 가장 아낀 연설문은 지금으로부터 40년 전 1969년 박정희 정권의 장기집권을 위한 삼선개헌 반대 집회에서 한 연설이다. 15분 연설을 위해 호텔방을 잡아 놓고 무려 10여 시간 준비를 했다고 한다. 그 연설 때 박수와 환호가 30~40차례가 나왔다고 한다. 그 연설문은 이렇게 시작한다.

"오늘 아침 신문을 보니 경기도 안성에서 미친 황소가 사람을 받아 그 사람이 죽었다고 합니다. 여러분! 미친 황소는 어떻게 해야 합니까? 도살장으로 보내야 합니다!"*

여기에서 '미친 황소'는 당시 박정희의 공화당을 가리킨다. 당시 공화당

---

* 김대중, 삼선개헌반대집회, 효창운동장, 1969년 7월 19일.

깃발에는 황소가 그려져 있었다. 청중들은 김 대통령의 연설에 나오는 비유와 유머, 박정희 정권의 폐부를 찌르는 말솜씨에 흥분하고 환호했다. 지금 육성으로 남아 있다.

  김대중 대통령은 이렇게 준비와 연습에 철저한 분이다. 모든 일에 먼저 생각하는 사람은 앞서 가는 사람이다. 잠자리에 들기 전 내일의 일을 생각하고, 아침에 일어나 오늘의 할 일을 생각하는 사람은 앞서 갈 수 있다. 그리고 그렇게 정리한 생각을 가지고 준비하고 연습하는 리더십이야말로 성공하는 인생을 사는 리더십이다. 김 대통령은 평생 그렇게 살았다.

망원경 같이

멀리 넓게

보고,

현미경처럼

좁고 깊게

보라.

말과 글의 리더십

대화의 정치

김대중은 대화의 정치인이었고, 말과 글의 정치인이었다. 대화의 리더십을 실천한 정치인이었다. 독서와 사색을 통해 심화된 자신의 정책과 사상을 말과 글로 표현하고, 대화를 통해 국민과 소통하고자 했다.

그러나 이승만, 박정희, 전두환 독재정권 시절 말과 글, 대화의 정치가 이루어질 수 없었다. 폭력, 쿠데타, 돈, 언론통제로 점철된 정치였다. 독재정권 시절 김대중의 말과 글은 항상 폭력과 돈의 정치와 충돌할 수밖에 없었다. 그래서 독재정권 시절 대화의 정치, 말의 정치를 갈망하던 국민들은 "김대중 말이나 들어보자"고 연설회장에 모여들었다. 1971년 첫 대통령 출마 때는 부산과 대구에서도 수십만 명이 운집했고, 서울에서는 백만의 인파가 모여들었다.

또한 김대중 대통령은 철저한 의회주의자였다. 의회란 국민이 선출한 대표들이 말을 가지고 국가의 정책을 결정하는 곳이다. 의회가 민주주의 제도의 꽃으로 불리는 이유는 국민 대화의 장이기 때문이다. 김 대통령은 이러한 의회의 역할과 기능을 민주주의 참모습으로 보았다. 국회에서 말로써 정부에 따지고 자신의 정책을 제시할 때 국민들이 알게 된다는 것이다. 그렇게 해서 국민들이 국가정책 결정에 참여하고 정치적 입장을 갖도록 해야 한다는 것이다.

소수 야당의 경우 원외투쟁의 유혹이 많다. 그러나 김대중 대통령은 원외투쟁은 상대를 대화로 끌어내기 위한 수단으로 인식했다. 국회를 포기하거나 의원직을 내던지는 행위는 정치적 효과도 없을 뿐만 아니라, 자신을 선출한 국민의 뜻을 어기는 행위로 보았다.

민주주의는 대화의 정치이다. 국민들은 정치 지도자들이 자기를 뽑은 유권자와 대화하면서 또한 다른 집단과 대화하는 정치를 원한다. 대화정치가 실종하면 국민은 항상 다른 수단을 찾는다. 2008년 봄 촛불집회도 마찬가지다. 제도정치권의 소통에 불만을 느낀 대중 스스로 인터넷을 통해 서로 대화하고 의사를 결정한 후 댓글과 문자 메시지를 통해 정치적 행동으로까지 나선 것이다.

실제 김대중 대통령은 의회민주주의, 의회투쟁을 가장 중시했지만, 한편으로 의회가 그 기능을 다하지 못하는 경우를 경계하며 의회의 각성을 촉구했다. 2008년 광우병 촛불집회 이후 이렇게 말했다.

"그러니까 (촛불집회가) 또 언제 나올지 모릅니다. 그런 시대가 왔는데 그것에 대응하는 길은 의회민주주의 하는 사람들, 시민운동 하는 사람들이 국민 전체, 범국민 촛불부대의 뜻을 받들어 정치에 반영시키고 시민운동에 반영시켜야 합니다."*

특히 김대중 대통령은 국민과의 대화를 강조했다. 촛불집회를 바라보면서 "우리 국민의 지식수준이 높아져 국회의원, 엘리트들에게 맡겼던 것들을 스스로 관여할 수 있게 되었다"**고 평가하면서, 그렇기 때문에 더욱 국민과 더 많은 대화를 해야 한다고 강조했다.

리더십의 알파와 오메가

김대중 리더십은 말과 글의 리더십이다. 현대 대중사회의 리더십은 말과 글로 이루어진다. 과거처럼 총이나, 돈이나, 권력으로 리더십은 유지되지 않는다. 말과 글은 소통의 기술이면서도 리더십의 알파요, 오메가다.

리더는 말과 글을 소중히 여기는 사람이다. 함부로 거친 말을 하고 어제와 오늘의 말이 다른 사람은 대중의 신뢰를 받지 못한다. 말과 글의 리더십을 키우기 위해서는 노력과 훈련이 필요하다.

먼저 우리는 쉬운 말을 써야 한다. 김대중 대통령은 쉬운 말 쓰기의 천재, 달인이라고 할 수 있다. 학자들이 어려운 보고서를 보내와도 그 내용

---

* 김대중, KBS-TV 〈일요진단〉 인터뷰, 2008년 8월 10일.
** 김대중, 〈경향신문〉 특별인터뷰, 2008년 7월 30일.

을 파악한 후 대중들이 알아듣기 쉬운 표현을 찾아 다시 정리한다. 학자들의 어려운 학문적인 보고서와 내용은 별반 다르지 않는데도 대중적인 언어로 전달된다. 이 점은 지식인들이 항상 경계해야 할 일이다. 자신의 지식 세계와 대중의 인식 체계를 병렬로 놓고 대중을 상대하면 안 된다. 리더는 대중에게 다가가는 사람이다. 리더가 대중들이 자기 기준에 맞추도록 요구한다면 리더의 자격이 없다. 말을 하고 글을 쓰는 데에서도 이 점은 그대로 적용된다.

물론 학문적 토론에서는 개념적 언어와 학술적 언어로 토론하고 글을 써야 하겠지만 대중을 상대로 하는 리더십을 생각한다면 쉬운 말, 쉬운 표현을 찾는 연습을 게을리해서는 안 된다. 김 대통령의 연설문은 단문이 많고 문장의 호흡이 짧다. 강연이나 연설은 중학교 1, 2학년 수준의 표현으로 해야 한다고 했다.

김대중 대통령은 지식을 자기 것으로 만드는 능력을 갖추고 있었다. 김 대통령은 평소 "남이 쓴 글도 자기 것으로 만들면 자기 지식이 된다"고 말했다. 우리는 책을 읽고도 자기 말로 책 내용을 설명하는 것에 많은 어려움을 느낀다. 아무리 많은 책을 읽어도 자기 지식으로 만들지 못하면 무용지물이다.

김 대통령은 특히 대부분의 연설문을 직접 썼다. 대통령 재임 중에도 중요한 연설문은 직접 작성했다. 비서실에서 올라온 연설문도 수정을 거듭했다. 김 대통령은 비서들에게 강조했다.

"글은 자기가 써야 한다. 자기의 생각을 써야 한다. 글은 역사에 남는다. 다른 사람이 쓴 연설문을 낭독하고, 미사여구를 모아 만든 연설문을 자기 것인 양 역사에 남기는 것은 잘못이다. 부족하더라도 자기가 써야 한다. 미국의 대통령들도 대부분 그렇게 한다."

김대중과 책 읽기

김대중 대통령이 지식을 자기 것으로 만드는 비결은 3가지로 요약할 수 있다. 첫째는 내용을 파악할 때까지 읽는 것, 즉 정독하는 것, 둘째는 메모하는 것, 셋째는 사색을 통해 머리로 정리하는 것이다.

책을 정독한다는 것은 그 책의 대강의 내용이 파악될 때까지 읽는 것이다. 서문과 목차만 읽는 것이 아니라 끝까지 밑줄을 쳐가며 읽는 것이다. 어느 정도 하다보면 중간쯤 와서 속도가 빨라진다. 신문의 기사나 사설도 제목만 읽어서는 안 된다. 김 대통령은 주위 사람들에게 강조했다.

"신문의 사설을 읽어라. 1주일을 읽은 사람은 달라진 것을 모르지만, 1년을 계속 읽은 사람은 달라진 것을 알 수 있다."

김 대통령은 아놀드 토인비의 『역사의 연구』라는 책을 여러 판본으로 수차례 읽었는데, 읽은 책 중에는 그림과 사진으로 설명하는 『도설 역사의 연구』도 있었다. 그렇게 여러 차례, 여러 종의 책을 읽었는데도 어느 대목은 이해할 수 없다고 할 정도였다.

김 대통령의 동교동 사저 2층 서재에는 이삿짐을 나를 때 쓰는 큰 박스가 책상 바로 옆에 놓여 있다. 비서실에서 올린 신문 스크랩 기사, 주간지, 일본어 신문, 영자 신문, 외신기사, 각종 보고서류 등이 수북이 쌓여 있다. 이 자료들을 먼저 제목과 대강의 내용을 보고 버릴 것은 박스에 버리고, 자세히 읽을 것은 책상 한곳에 모아두고 읽는다. 심지어 혈액투석을 받을 때는 누워서도 비서들에게 골라둔 기사를 읽게 한다. 그다음 다시 한 번 읽을 것과 버릴 것을 나눈다. 버릴 것은 박스 안으로 들어간다. 얼마간 박스가 가득 차면 박스 안의 자료들을 다시 한 장 한 장 넘기며 다시 읽을 것을 찾아 읽는다. 어떤 자료는 메모장에 붙여지거나 양복 상의 안주머니에 넣고 다니며 계속 읽는다.

김대중 대통령은 다독가, 애서가로 알려져 있다. 책이 읽고 싶어 감옥에 다시 들어가고 싶다고 말할 정도였다. 1960년대 국회의원 시절에는 '책을 가장 많이 읽는 국회의원'으로 알려졌고, '애서가상'을 수상하기도 했다. 아마도 책을 가장 많이 읽은 때는 감옥에 있을 때였던 것 같다. 그리고 동교동 자택 연금 중에는 지하에 커다란 서재를 만들어 놓고 책을 읽었다. 망명 중에도 책은 곁에 있었다.

아마도 가장 많은 독서를 마음 놓고 할 때는 1976년과 1980년 두 차례 감옥에 있을 때였던 것으로 보인다. 1980년과 1981년 청주교도소에서 보낸 엽서*에는 이희호 여사에게 감옥으로 넣어달라고 하는 책 목록이 빼곡히 쓰여 있는데 그 책이 200여 권이 된다. 그리고 1993년 대통령 선

---

* 당시 육군형무소와 청주교도소에서 보낸 엽서는 1976년 3.1 민주구국선언 사건으로 수감된 전주교도소와 서울대병원에서 보낸 엽서와 함께 『옥중서신』(시대의 창, 2009)으로 간행되었다.

거에 세 번째 출마해 낙선하고 영국 케임브리지 대학에서 수학할 때, 그리고 국내로 돌아와 아태평화재단을 만들어 활동할 때도 왕성하게 독서를 했다.

김 대통령의 철학과 인식, 지식의 바탕은 독서에 있다. 독서보다 중요한 것은 책을 읽고, 자기 것으로 소화하는 능력, 자기 말과 글로 변화시켜 대중에게 설명하는 능력이다.

메모하고 사색하라

메모는 다음 단계인 머릿속에 정리하기 위한 것이다. 주요 줄거리, 혹은 자신의 생각을 적는 것이다. 이 과정은 바로 필기라는 행위를 통해 머릿속에 집어넣는 것이다. 메모는 머릿속으로 기억하기 위한 수단이다. 또한 메모는 자기가 할 일을 잊지 않고 지속적으로 확인하고 점검하는 좋은 수단이다.

김 대통령은 메모광이었다. 대화 중에도, 회의 중에도 끊임없이 수첩에 무언가를 적었다. 작은 손수첩을 많이 활용했다. 김 대통령은 자신의 기억의 한계를 잘 알고 있었다. 리더는 자신의 기억력을 과신해서는 안 된다.

김 대통령은 수첩에 신문이나 읽은 책의 주요 내용, 정세와 대책, 각종 수치와 통계, '해야 할 일' 등을 1, 2, 3 숫자를 붙여가며 일목요연하게 정리했다. 그리고 완료된 일은 줄을 그어 표시하고 진행되는 일에 대해서는 수첩을 보고 계속 확인했다. 간혹 비서들이 깜빡 잊고 있는 일도 김 대통령의 수첩에는 고스란히 남아 있었다. 김 대통령은 참모들에게 과거에 지시한 사항을 확인하며 '그건 어떻게 되어가지요?'라고 물었다. 이렇게 물을 수 있었던 것은 머릿속에 기억하고 있었기 때문이 아니라 모두 메모에 남아 있었기 때문이다.

1998년과 1999년 청와대 재임 시절 김 대통령은 '반드시 통과시켜야 할 법률'을 적은 메모를 가지고 있었다. 이 메모에는 선거 때 공약하고 임기 초기에 꼭 통과시켜야 할 법률이 적혀져 있었다. 국가인권위원회법, 민주화운동명예회복과 보상법, 의문사진상규명법, 남녀차별 금지 등 여성권익 증진 관련 법률, 그리고 국가보안법 개정 법률 등 15가지 정도의 법률이 적혀 있었다. 김 대통령은 이 메모를 항상 양복 안주머니에 넣고 다니며 해당 국무위원과 여당 지도부에게 이 법률들이 통과되도록 수시로 독려했다.

훗날 김 대통령은 너덜너덜해진 그 메모를 펼쳐 보이며 참모들에게 "국가보안법만 고치지 못하고, 다했다"고 말하기도 했다. 김 대통령은 이렇게 철저히 자신이 할 일을 메모를 통해 관리했다. '반드시 통과시켜야 할 법률' 메모는 1년 이상 김 대통령 품속에 있었다.

메모와 함께 사색은 김 대통령이 자신이 얻은 지식을 자기 것으로 만드는 중요한 수단이었다. 책을 덮고 머릿속으로 자신이 읽은 내용을 생각해 보는 것이다. 김 대통령은 잠자리에 들기 전에 1시간 정도 사색하는 시간을 가졌다. 그때 그날 있었던 일, 내일 할 일을 정리하고, 그날 읽었던 책, 신문의 기사 등을 머릿속에, 마치 컴퓨터의 디렉토리에 파일을 저장하듯이 차곡차곡 정리했다.

카피라이터가 되라

김대중 대통령은 언어 선택의 마술사와 같았다. 핵심을 꿰뚫고 대중의 머릿속에 쉽게 각인될 수 있는 조어를 제시하는 능력이 있었다. "행동하는 양심" "서생적 문제의식과 현실감각" "햇볕정책" "철의 실크로드" "망원경 같이 멀리 넓게 보고, 현미경처럼 좁고 깊게 보라" 등은 모두 김 대통령이 만든 말들이다. 상황을 한마디로 요약하고 국민들이 들었을 때 당신의 뜻이 무엇인지를 연상되게 하는 말들이다. 어떤 분은 김대중 대통령은 "명 카피라이터"라고 말했다.

연설문은 항상 이미지화했다. 주제를 좁혀 단순화했다. 연설에서 많은 것을 전달하려는 욕심을 내지 않았다. 주제를 한두 가지로 선택하고 그 주제에 집중했다. 그래서 연설문에는 한두 마디 핵심 언어가 있고 한 폭의 그림처럼 연상되게 글을 썼다. 기자들이 김대중 대통령의 글과 말을 좋아하는 이유가 여기에 있다. 기사 쓰기가 쉽다는 것이다. 항상 주제가 있고, 디테일이 있다.

또 하나 김 대통령의 말하기의 특징은 선택된 주제를 반복하는 것이다. 김 대통령은 미국 민주당의 먼데일과 공화당의 레이건이 출마한 1984년 미국 선거전을 예로 들어 설명했다. 먼데일은 화려한 말솜씨와 다양한 주제의 연설로 언론들의 관심을 크게 받았다. 레이건은 감세, 규제완화 등 두세 가지 주제를 반복해서 말했다. 기자들이 '당신은 그 말밖에 할 말이 없느냐?'고 레이건을 힐난했다. 그런데 막상 유권자들이 투표장에 들어갈 때는 먼데일은 무슨 말을 했는지 기억이 나지 않고, 레이건의 말은 분명하게 기억났다는 것이다. 선거는 레이건의 승리로 끝났다.

 쉬운 말을 쓰는 것, 정독, 메모, 사색을 통해 지식을 자기 것으로 하는 것, 상황을 꿰뚫는 단어와 표현을 선택하는 것, 선택된 주제에 집중하고 반복하는 것, 이것이 김대중 리더십 ― 말과 글의 리더십의 특징이다.

대화가 성공의 무기다

공동이익의 대화

김대중 대통령의 대화정치의 진면목을 보여주는 것은 국제정치 영역이다. 김 대통령은 1970년대 소련과 동유럽을 자유화, 민주화의 바람으로 몰고 간 것은 서방세계의 압박과 제제가 아니고, 헬싱키 프로세스에 의한 양 진영의 대화와 교류였다고 주장한다. 공산 중국 역시 닉슨 미국 대통령이 중국을 방문하고 마오쩌둥과 대화를 함으로써 덩샤오핑이 출현해 개혁개방으로 나설 수 있었다는 것이다. 남북정상회담과 햇볕정책도 마찬가지이다. 대화와 교류를 통해서만이 북한과 같은 폐쇄사회, 공산국가를 개혁과 개방으로 유도할 수 있다고 생각했다.

김대중 대통령은 2008년 9월 노르웨이 스타방게르에서 열린 〈노벨평화상수상자정상회의〉 연설에서 다음과 같이 말했다.*

"성공의 무기는 공동이익에 기초한 대화이다. 하느님은 우리에게 말할 능력을 주었다. 하느님은 우리가 말을 통해서 서로 소통하고, 갈등을 해소하고 협력하도록 요구하고 있다."

"역사적 교훈을 통해 우리는 모든 갈등은 평화적 대화를 통해서, 공동이익의 기반 위에 해결해야 한다는 것을 배웠다. 공동이익은 대화 성공의 불가결한 조건이다. 이것은 역사가 우리에게 준 지상과제이기도 하다. 지금 중동이나 아프리카, 중남미, 아시아 지역 등지에서 일어나고 있는 많은 무력대결도 무력만 가지고는 성공적으로 해결할 수 없다. 오직 공동이익을 전제로 한 평화적 대화만이 문제를 해결할 수 있다. 역사는 세계화 시대인 21세기의 인류에게 더 한층의 많은 대화를 요구하고 있다. 공동승리의 대화이다. '햇볕정책'이다."

한반도 현안인 북한 핵문제와 관련해서도 김 대통령은 대화를 통한 해결을 강조했다. 2002년 2월 서울을 방문한 부시 대통령을 향해 "대화란 친구하고만 하는 것이 아니다. 레이건도 소련을 '악마의 제국'이라고 비난하고도 대화했다"며 북한과의 대화를 촉구한 일은 유명하다. 당시 부시 대통령은 한국에 오기 한 달 전인 2002년 1월 미국 의회에서 북한을 이란, 이라크와 함께 '악의 축'으로 규정하고 북한과의 정면 대결로 치닫고 있을 때였다. 부시 대통령은 김 대통령과 대화를 마치고 "북한을 공격하지

---

* 이 연설의 주제는 "대화의 힘 ― 공동이익을 목표로 하는 상호주의 대화"이다.

않겠다. 북한과 대화하겠다. 북한에 식량을 지원하겠다"고 선언했다.

김대중 대통령은 1994년 아태평화재단을 만들면서 통일부차관을 지낸 바 있는 임동원을 영입했다. 이북 출신에 육군사관학교를 졸업한 군인 출신이었고, 김 대통령과는 삶의 행적이 판이하게 다른 분이었다. 그러나 김 대통령은 삼고초려를 해서 임동원을 설득했다.* 그 후 임동원 장관은 김 대통령이 돌아가시기 전까지 15년 동안 김 대통령 곁을 지켰다. '햇볕정책'의 전도사 임동원 전 통일부장관은 2009년 10월 한 강연에서 다음과 같이 말했다.

"지난 20년간 한반도 문제 해결을 위한 정책과 접근방법으로 화해 협력의 대북포용정책과 평화의 프로세스(김대중-클린턴 프로세스) 와 적대적 대결정책과 굴복을 강요하는 압박과 제재의 프로세스(부시-네오콘 프로세스)가 있었다. '부시-네오콘 프로세스'는 실패했다. 오바마 정권은 '김대중-클린턴 프로세스'에서 교훈을 얻어야 한다."**

'김대중-클린턴 프로세스'의 핵심은 '대화'에 있다. 북한 핵문제는 부시와 네오콘과 같은 제재와 압박으로는 해결이 안 되며, 김대중과 클린턴과 같은 포용과 대화를 통해 문제를 해결해야 한다는 것이다. '김대중-클린

---

* 김대중과 임동원의 만남은 임동원 저 『피스메이커』(2008, 중앙북스)에 잘 나와 있다.
** 임동원, 〈통일뉴스〉 창간 9주년 초청강연, 2009.10.29.

턴 프로세스'는 남한과 북한의 대화, 북한과 미국의 대화, 6자회담 대화를 핵심으로 한다.

리더는 대화에 성공하는 사람

말과 대화의 정치는 공정한 언론기능이 살아있을 때 빛난다. 이것은 타협할 수 없는 민주주의 기본원리이다. 말과 대화를 왜곡하는 권력의 언론장악이나 통제 행위는 대화정치의 적이다.

같은 정파 내부의 대화는 조직의 활력소이자, 단결의 요체다. 대화와 토론이 생략된 정파의 단합은 사상누각일 뿐이다. 미국의 민주당은 2001년 부시 대통령의 공화당에 권력을 빼앗긴 후 의욕을 잃고 조직은 지리멸렬해졌다. 이라크 침공 등 부시 정부의 실책이 쏟아지면서 미국의 민주당은 지역별 소모임이 활성화되고 온라인과 오프라인을 통해 당원들 사이에 반(反)부시와 민주당의 진보가치를 토론했다. 이 대화와 지역별 토론을 주도한 사람이 바로 오바마 대통령이다. 1,500 차례의 지역별 대화모임을 주도하면서 재집권의 기반을 만들었다. 이것이 바로 대화의 힘이다.

우리 정치에서 부족한 게 있다면 정당 내의 대화와 토론이 부족하다는 점이다. 이념을 같이하는 정파 안에도 다양한 정치계보가 있고, 친소관계가 있게 마련이다. 이런 이질적인 집단을 하나로 묶어주는 것이 대화이고 토론이다. 당원과 당원, 간부와 간부, 의원과 의원 사이에 수평적인 토론도 많이 해야 한다. 특히 지도부와 당원들 간에도 토론을 자주 해야 한다. 이것이 민주정당이고 선진정당이다. 유권자들은 이런 대화와 토론의 내용뿐 아니라 그 대화와 토론의 과정을 보면서 정당에 대한 친화력을 높이고 참여하게 된다. 일방적인 지도부의 지시와 지침만으로 운영되는 정당은 국민들이 외면하고 결국 미래가 없다.

또한 국민과의 관계에서도 마찬가지이다. 김대중 대통령은 서거하시기 2, 3년 전 민주당 486 정치인들에게 "배낭을 메고 깃대를 꽂고 전국을 돌며 국민과 대화하라"고 주문했다. 당시 2007년 대통령 선거를 앞두고 희망을 잃은 민주개혁진영에게 문제의 해답을 국민과의 대화에서 찾으라는 것이었다. 그러면서 김 대통령은 자신은 과거 길도 험하고 자동차도 좋지 않았을 때도 전국에 안 가본 데가 없었다며 젊은 정치인들의 분발을 촉구했다.

대화와 토론에 충실한 사람, 창의적인 아이디어와 비전 제시로 대중을 감동시키고 설득하는 데 성공한 사람이 리더가 되고 보스가 되는 것이다.

민주우파와 민주좌파

김대중 대통령의 대화정치는 이념이 다른 정파 사이에서도 적용된다. 대화를 통해 경쟁하는 정치야말로 민주정치이다. 이념과 정책이 다른 정파일수록 대화를 게을리 해선 안 된다. 대화를 소홀히 할 때 국민은 외면한다. 충돌과 폭력은 더욱 국민을 떠나게 한다.

이명박 정부 출범 전후 보수진영은 진보개혁진영을 향해 '친북좌파'라며 공격했다. 김대중 대통령은 이러한 이념공세는 '정치적으로 졸렬한 짓'이고 '국민을 우습게 아는 것'이라고 비판했다. 왜냐하면 좌파라고 하면서 사실은 '공산주의 한다'는 냄새를 피우고 있기 때문이다. 그러면서 좌파라는 말이 마치 큰 문제라도 있는 것처럼 말하는데 그것은 잘못된 생각이라며 다음과 같이 말했다.

"영국 노동당도 좌파인데 정권 잡았고, 독일 사민당도, 프랑스 사회당도 좌파인데 정권 잡았다. 유럽에는 수두룩하다. 유럽 어느 나라고 정권 잡지 않은 나라가 없다. 그런데 지금 실제로는 좌파건, 우파건 다 중도통합의 시대다. 그래서 지금 좌파, 우파 찾는 것은 냉전 사고에서도 케케묵은 것이다."*

김대중 대통령은 좌파에도 '민주적 좌파'가 있고 '독재적 좌파'가 있으며, 우파에도 '민주적 우파'가 있고 '독재적 우파'가 있다고 말했다. 그리고 '민주적 좌파'와 '민주적 우파'는 양립할 수 있다고 했다.

"독일의 사민당, 미국의 민주당은 '민주적 좌파'이며, 우리나라의 한나라당, 미국의 공화당, 일본의 자민당은 '민주적 우파'라고 할 수 있다. 처음에 '민주적 우파'는 '자유'만 주장하고, '민주적 좌파'는 '빵'만 주장했는데, 국민이 '빵'과 '자유'를 다 달라고 하자 서로 상대방의 주장, 즉 우파는 '빵'을 받아들이기 시작하고, 좌파는 '자유'를 받아들이기 시작했다. '민주적 좌파'와 '민주적 우파'가 같이 있는 것이

---

* 김대중, 〈오마이뉴스〉 회견, 2007년 11월 14일.

자연스러운 것이며, 상대를 인정하지 않고, 좌파를 공산주의로 몰아세우고, 국법에 의해 처벌하려 한다면 그것은 일당독재를 하자는 것이다."*

김 대통령은 민주주의에는 "라이벌은 있지만, 적은 없다"고 했다. 김 대통령은 대화를 거부하고 일방주의로 가는 세력에 대해서는 타협하지 않았다. 반면 민주적 대화가 가능한 집단에 대해서는 적극적 대화를 통해 경쟁했다. 이처럼 우리는 경쟁이 아닌, 적대로 끌고 가는 정치는 단호히 배격해야 한다.

---

* 김대중, KBS 〈일요진단〉 출연, 2008년 8월 10일.

대화의 기술

경청

김대중 대통령은 여러 책과 말에서 대화의 요체로 경청을 강조했다. 그러나 경청이 얼마나 어려운지도 알았다.

먼저 김대중 대통령은 대화를 잘못하는 경우로 세 가지를 들었다. 첫째 잘못은 '이것은 이것이고 저것은 저것이다'는 식으로 자기가 다 말해 버리는 것이고, 둘째 잘못은 상대방 생각을 무시하는 것이고, 셋째 잘못은 자기 자랑을 하는 것이라는 것이다. 그러면서 정치는 남의 말을 많이 들어야 한다면서 여러 해 전에 많이 읽힌 『모모』라는 책 내용을 소개했다.

"『모모』라는 소설이 있었는데, 고아인 소년이 주인공이다. 그런데 그 마을 사람들이 모두 이 소년을 찾아와 모든 일을 상의하고 만족하며 돌아갔다. 지역의 리더였다. 그 비결은 찾아오는 사람들의 말을 잘 들어주었다는 것이다. 필요하면 '그래서 어떻게 했어요?' '그때는 어떻게 생각했어요?'라고 물었다고 한다. 즉, 스스로 깨닫게 한 것이다."

김대중 대통령은 대화는 얼마나 말을 잘 하느냐의 문제가 아니라, 상대의 말을 잘 듣는 것에서 출발한다고 생각했다. 『다시, 새로운 시작을 위하여』에서 다음과 같이 말한다.

"대화의 요체는 수사학에 있는 것이 아니라, 상대의 말을 경청하는 심리학에 있다. 소크라테스는 '상대방의 말을 경청할 때 비로소 대화가 가능하다'고 말했다. 남의 말에 귀 기울일 줄 모르는 사람은 대화의 실격자요, 인생의 실격자다."*

퇴임 후 김대중 대통령은 주요 일정이 없는 한가한 토요일 오후가 되면 비서관들과 대화하기를 즐겼다. 우리는 이것을 '토요강의'라고 불렀다. 우리는 한 시간 강의를 들으면 책을 한 권 읽는 것과 같다고 말했다. 그만큼 배우는 것이 많았다. 인생, 철학, 역사, 정치 등 강의 주제는 다양했다. 김대통령은 어느 날 '토요강의'에서 경청에 대해 이야기한 후 그것이 얼마나 어려운가를 토로했다.

---

* 김대중, 『다시, 새로운 시작을 위하여』, 김영사, 1993.

"내가 지금 하는 말('남의 말을 많이 들어라')은 나를 두고 하는 말이다. 과거에 나 혼자 말 다했다. 심지어 손목시계에, 또 화장실에 '침묵'이라고 써 붙여 놓기까지 하면서 말을 자제하려고 했다. 남의 말을 듣고, 사람을 격려하고, 내 자랑을 안 하고, 사람이 낙심했을 때 용기를 주는 말을 많이 해야 한다. 이것을 기술적으로 하면 안 되고 마음으로 해야 한다. 이렇게 하는 데는 많은 시간이 걸린다."*

대화의 다섯 가지 원칙

김대중 대통령은 재임 중 국내외에서 수많은 나라의 정상들과 정상회담을 가졌다. 김 대통령은 정상들과 대화를 나누는 데 몇 가지 대화 원칙을 세웠다.

첫째, 상대방에게 절대로 'No'라고 하지 않는다.
둘째, 되도록 상대방의 말을 많이 들어준다.
셋째, 의견이 같은 대목에서는 반드시 '나의 생각과 꼭 같다'고 말해준다.
넷째, 꼭 해야 할 말은 모아놓았다가 대화 사이사이에 집어넣어 말한다.
다섯째, 회담이 끝나면 회담 성공은 '당신 덕이다'라고 말해준다.

---

* 김대중 대통령이 2009년 6월 20일 '토요강의'에서 비서관들에 한 말이다.

김 대통령은 이러한 대화 원칙을 가지고 많은 정상들과 지도자들을 만났다. 회담 도중 얼굴을 붉힌 적도, 회담이 끝난 후 다른 말이 나오는 경우도 없었다. 그러나 무엇보다 중요한 것은 진심으로 대하는 것이었다.

그리고 김 대통령의 민주화 투쟁 경력이 세계의 많은 정상들, 지도자들과 두터운 신뢰와 애정을 쌓는 데 있어서 많은 도움이 되었다. 김 대통령을 만난 대부분의 정상들은 김 대통령이 민주화 투쟁 과정에서 받은 박해와 시련, 죽음의 고비를 이겨내고 마침내 대통령이 된 것을 언급했다.

정상외교에서 중요한 것은 정상 간의 인간적 신뢰를 갖는 것이다. 정상들 사이에서도 입장이나 의견 차이도 있을 수 있다. 그러나 신뢰를 잃는 일을 해서는 안 된다. 이것은 비록 나라를 대표하는 정상들 간의 대화에서 지켜야 할 원칙만이 아니다. 모든 대화에 적용될 수 있다.

2000년 남북정상회담을 할 때의 일이다. 당시 정부는 김대중 대통령의 지시대로 회담 전이나 회담 중에, 그리고 회담이 끝나고 나서도 주변 4대국을 비롯해 주변 나라들에게 진행상황을 설명해주었다. 김 대통령이 직접 만나거나 전화를 해서 정상들에게 설명하기도 했지만, 특사를 보내거나, 주재국 우리 대사를 통해 이야기해주도록 했다. 한반도의 중요한 상황 변화에 대해 주변국들이 잘 알도록 해줌으로써 '한국의 대통령이 우리와 모든 문제를 상의하려고 하는구나' 하는 생각이 들도록 했다. 상대국들은 김 대통령과 우리 정부의 이러한 태도에 대해 감사를 표시했고, 상호간에 신뢰를 갖게 하는 데 큰 도움이 되었다.

미디어에 익숙해져라

리더는 미디어를 회피해서는 안 된다. 현대 대중사회의 리더십은 미디어를 통해 형성되고 관철된다. 중요한 것은 미디어를 통해 국민과 대화한다는 것이다. 아무리 자주 국민과 직접 대화를 한다 해도 미디어를 통해 하는 것만큼 그 범위가 넓지 못하다.

그런데 많은 지도자들이 미디어에 대한 부정적 인식을 갖고 있다. 미디어는 근거 없는 보도를 하고, 자기 입맛대로 말을 왜곡하고, 때로는 하지 않은 말도 한 것처럼 보도한다고 생각한다. 그래서 미디어는 멀리할수록 좋다는 선입관을 갖는다. 이런 생각은 과거 미디어들이 국민 앞에 군림하고 이른바 '언론권력'으로 비춰지면서 생긴 것이다. 물론 지금도 언론의 그러한 모습은 완전히 치유되지 않은 것 또한 사실이다. 그럼에도 불구하고 언론인들은 현실을 항상 직접적으로 관찰하는 사람이다.

리더는 미디어와 접촉하고 대화하는 것을 게을리 해서는 안 된다. 정부기관이나 기업에는 홍보실, 대변인 등과 같은 전담조직과 사람을 두고 있는데, 그 역할과 기능은 오늘날 더욱 중요시되고 있다. 무엇보다도 리더들은 미디어와 친숙해져야 하고, 미디어를 잘 활용할 줄 알아야 한다. 리더는 미디어의 비판을 두려워해서도 안 된다. 미디어는 본질적으로 비판자이다.

리더는 자신이 언론과 접촉할 시간을 많이 가져야 할 뿐만 아니라, 나아가 미디어를 전담하고 미디어와 수시로 접촉하고 대화하는 역할을 가진 사람을 옆에 두는 것이 좋다. 언론에 대한 이해력이 높고, 리더의 생각과 자기 조직이 추구하는 바를 잘 알고 있는 사람에게 이런 역할을 맡기는 것이 좋다. 정치의 경우에는 정무적 판단과 정책적 판단을 두루 갖춘 사람이어야 한다. 미디어 문제는 결코 피해서 해결될 수 없다. 피할 수 없다면 적극적으로 부딪치는 것이 해법이다.

김 대통령은 언론에 대해 '비판 없는 찬양보다 우정 있는 비판'을 해주기를 바랐다.

> "제 자신 신문으로부터 많은 도움을 받았지만, 그에 못지않게 당하기도 했다. 그럴 때마다 화도 나고, 어떻게 무슨 일을 해볼까라고 생각도 했다. 그러나 그런 언론이 있었기에 오늘날의 제가 있을 수 있었고, 우리나라의 민주주의가 여기까지 올 수 있었다는 생각이 든다. 저는 비판 없는 찬양보다 우정 있는 비판을 바란다."*

김대중 대통령은 논리적이고 자신의 말에 일관성을 유지하고자 노력했다. 생각이나 입장이 바뀐 경우에도 논리적인 설명, 합리적 이유가 있어야 했다. 어떤 정치인들은 단 한 번에 말을 바꾸기도 한다. 그러고도 태연하다. 때로는 그런 사람들을 순발력이 있다고까지 평가하는데 그것에 동의하기 어렵다.

그러나 김 대통령은 논리적인 사고체계를 갖고 있었기 때문에 아무 일 없었다는 듯이 말을 바꿀 수는 없었다. 또한 다른 말을 함으로써 쏟아질

---

* 김대중 대통령, 제42회 '신문의 날' 기념 리셉션 치사, 1998.4.6.

비난을 생각하지 않을 수 없다. 다른 정치 지도자들의 말에는 관대한 언론들도 김 대통령에게만은 가혹한 잣대를 들이대는 경우가 많았다. 그래서 더욱 정교하고 논리적인 틀을 가지고 있어야 했다. 다른 정치인들에 비해 열배, 백배 쏟아질 비난의 화살을 항상 의식할 수밖에 없는 정치환경, 언론환경에서 살아야 했기 때문이다. 이러한 환경에서도 김 대통령은 언론과 친숙해지기 위해 노력했다.

지식정보화사회는 신문, TV, 라디오, 인터넷 등 다양한 대화수단을 제공한다. 지도자들은 이러한 대화수단에 적응하고 활용하는 대화의 기술을 연마해야 한다. 페이스북, 트위터, 블로그 등 인터넷 환경에서 제공하는 다양한 커뮤니케이션 수단들, 핸드폰의 문자 메시지에 익숙해져야 한다. 인터넷 댓글 하나가, 핸드폰 문자 메시지 하나가 사람을 감동시키고 여론을 환기시킬 수 있다.

김대중 대통령은 평생 직접, 혹은 미디어를 통해 국민과 만났으며, 변화된 매체에 적응하는 자기 훈련을 쉬지 않았다. 김 대통령은 방송은 방송대로, 신문은 신문대로, 잡지는 잡지대로 언론에 출연하는 독특한 기술을 가지고 있었다. 방송에 출연할 때는 방송 감각에 맞게 단답형으로 짧게 압축해 말하고 중간 중간에 유머를 넣어, 보고 듣는 사람이 지루하지 않게 했다. 양복과 넥타이도 신경 썼다. 신문은 요점을 잘 정리해서 말하고, 잡지의 경우는 지면의 여유가 있기 때문에 조금 길게 설명했다. 그리고 항상 언론이 주제어로 뽑을 만한 '워딩'을 제공했다.

진정으로

관대하고

강한 사람만이

용서와 사랑을

보여줄 수 있다.

하나의 링에서 경쟁하라

통합과 연합의 정치

김대중 대통령은 죽음에 임박해 병석에 있으면서도 민주개혁진영의 '단결'과 '연합'을 유언처럼 강조했다. 이른바 이명박 정부 아래에서의 3대 위기, 즉 민주주의 위기, 서민경제 위기, 남북관계 위기를 극복하기 위해서는 민주개혁진영의 단결과 연합이 필요하다는 것이다.

김대중 대통령은 양당제 민주주의를 선호했다. 그 이유로 첫째는 양당제는 국민들이 정치와 정책을 선택하기 쉽고, 둘째는 우리나라의 경우 오랜 정치전통으로 자리 잡고 있다는 점을 들었다. 그리고 미국을 비롯해 선진 민주국가의 경우에도 이런 양당제의 전통 속에서 정치를 발전시키고 있다는 것이다.

김대중 대통령은 민주개혁진영의 '단결'을 강조하면서, "링은 하나만 만들고 그 위에 모두 올라가 경쟁하라'고 강조했다. 권투시합을 할 때 중앙에 하나의 링이 있고 관중들이 그 링을 향해 바라보듯이, 국민들은 정치도 하나의 링 안에서 서로 경쟁하는 것을 보고 싶어 한다는 것이다. 정책, 정치적 색깔, 정치적 뿌리도 비슷한 사람들이 큰 링을 제쳐놓고 다른 링을 만들게 되면 국민들의 시선은 집중하지 못하고, 국민들의 관심은 흩어지게 된다는 것이다. 작은 링을 만들어 일시적으로 관심을 받을 수는 있다. 그러나 그 진영 전체에 대한 국민의 지지와 관심은 멀어지게 되고 실망하게 된다.

김대중 대통령은 오랜 정치생활에서 수차례 통합과 연합을 추구했다. 이것은 판을 키우는 것이다. 링 안에 새로운 인물, 새로운 도전자를 올려놓음으로써 국민의 지지와 관심을 넓혀가는 일이다. 이를 위해 야당세력을 통합하고 재야세력, 전문가, 젊은 신인을 정치에 충원하며 힘을 키웠다. 여당에 비해 절대적으로 불리한 정치지형, 즉 지지기반의 열세, 재정기반의 취약, 적대적이기까지 한 언론환경을 통합과 연합을 통해 극복하고자 노력했다.

1997년 정권교체도 이른바 'DJP 연합'[*]을 통해 이룩했다. 한 정치학자는 'DJP 연합'을 "한국정치의 아름다움을 보여주는 압권"[**]이라고도 표현했다.

---

[*] 1997년 12월 제15대 대통령 선거를 앞두고 '새정치국민회의'의 김대중(DJ) 후보와 '자유민주연합'의 김종필(JP) 후보 사이에 '김대중-김종필(DJP) 연합'이 이루어진다.
[**] 전인권, '한국정치의 기적, 끝내 꽃피운 인동초', 〈신동아〉 1998년 1월호.

'야합'과 '연합'은 다르다. '야합'은 자신의 정치적 정체성, 즉 자신의 정치이념과 정책을 바꾸거나 포기하며 정치적 목표를 달성하려는 것이다. 반면 '연합'은 정체성을 유지하면서 자신의 정책을 관철하는 정치 전략이고, 기술이다. 또한 '연합'은 국민의 의사와 요구를 기초로 한다.

김대중 대통령이 이끈 '국민의 정부'가 이룩한 민주주의 발전과 인권 신장, IMF 외환위기 극복과 지식정보화, 남북화해협력, '기초생활보장제'[*]와 '생산적 복지' 등의 업적을 볼 때 DJP 연합이 정치적 정체성까지 팔아버린 야합이었다고 규정하는 것은 잘못된 주장이다. 또한 이러한 연합의 사례는 선진국 정치에서 얼마든지 볼 수 있다.

자기를 버리고 크게 연대하라

김대중 대통령은 정치는 현실의 권력을 나눠 갖는 것으로 생각했다. 한편이 독식하고 다른 한편에 희생과 양보만을 요구해서는 일이 안 된다는 것을 잘 알고 있었다. 김 대통령은 '토요강의'에서 이런 말을 했다.

> "정치는 이론만 갖고는 못한다. 인간관계를 가지고 해야 한다. 예를 들어 A와 B가 있는데 같은 지역의 군수로 출마한다고 할 때 A가 나가고 B는 나가지 말라고 하면 조정이 안 된다. 한 사람에게 떡 한 덩

---

[*] 근로능력 여부·연령 등에 관계없이 국가의 보호를 필요로 하는 최저생계비 이하의 모든 가구에 대하여 생계비를 지급하는 제도를 말한다. 김대중 정부에서 도입된 제도로 한국 복지체제의 일대 전환을 가져온 제도로 평가된다.

이를 주면 다른 사람에게도 한 덩이를 주는 게 정치다. A가 군수에 나가면 B는 도의원을 한다든지 교육감을 한다든지 해야 한다. 정치는 애국심을 가지고 한다. 그러나 그런 것(정치적 지위를 얻는 일)과 애국심이 병행해야 성공할 수 있다."*

연합을 어떻게 이룰까 하는 방법은 정치의 영원한 숙제다. 연합에서 항상 따르는 문제가 연합을 통해 얻을 이익을 나누는 지분협상이다. 연합을 위해서는 타협과 협상이 필요하다. 김대중 대통령은 2009년 7월 13일 폐렴 증상으로 입원하기 1개월 전 완곡한 표현으로 이 문제에 대한 해법을 내놓았다.

"자기를 버리면서 큰 틀로 연대하지 않으면 안 된다. 내가 크니까 7을 차지하고 나머지 3을 (연대에 참여하는 세력들이) 나눠 가지라는 식으로 해선 곤란하다."**

"(협력하고 있는 타 정파에) 30, 40석을 양보해서 우리가 60석을 얻어 모두 100석을 얻을 것인지, 따로따로 나가서 40석만 얻을 것인지 그것은 분명하다. 빈손으로 말 것인지, 아니면 전체 10개 중 5개라도

---

* 2009년 6월 20일 '토요강의'에서 비서관들에게 하신 말씀이다.
** 김대중 대통령이 2009년 6월 16일 이해찬 전 총리, 한명숙 전 총리 등이 초청한 오찬에서 하신 말씀이다.

얻어서 2, 3개씩이라도 나눠 갖는 것이 나은지 그것은 분명하다."*

연합을 하는 이유는 힘이 커지기 때문이다. 1+1=2가 아니라, 1+1=2+α를 얻기 위해 연합을 하는 것이다. 김 대통령의 생각은 연합을 통해 얻을 이익, 즉 α를 연합의 상대에게 먼저 약속하고 먼저 주라는 의미로 해석할 수 있다.

김 대통령은 통합, 연합의 과정에서 지분의 절반을 양보하는 일이 많았다. DJP 연합도 정확히 50대 50의 지분협상으로 이뤄졌다. 우리 세력이 많으니까 많이 갖고 상대방은 적으니까 적게 갖는 협상이 아니었다. 그렇다고 해서 김대중의 리더십이 2분의 1로 축소된 일은 한 번도 없었다. 오히려 커졌다. 그렇게 해서 최초의 정권교체를 이룩할 수 있었다.

* 김대중 대통령이 2009년 6월 20일 비서관들과의 '토요강의'에서 하신 말씀이다.

관용과 화해의 리더십

제국의 조건, 관대함

김대중 대통령께서 생애 마지막으로 읽은 책 중의 하나가 하버드 대학의 에이미 추아가 쓴 『제국의 미래』이다.* 김 대통령은 이 책을 읽으면서 비서관들에게 이렇게 말했다.

"역사를 보아도, 나라를 보아도 제일 위험한 함정이 오만이다. 페르시아 제국은 지금의 이라크, 이집트, 터키 지방 일대에 제국을 세웠다.

---

* 김대중 대통령은 2009년 7월 13일 병원에 입원하시기 전 건강이 여의치 않고 시력도 약해졌지만 서재나 침실에서 책을 놓지 않았다. 병원에 입원하기 전 다음 세 권의 책을 주로 읽었다. 『제국의 미래』(에이미 추아, 비아북), 『오바마 2.0』(김흥국, 나무와 숲), 『조선왕조실록』(박시백, 휴머니스트). 『조선왕조실록』은 대하역사만화로 총 14권 중 4권 '세종-문종실록' 부분을 마지막으로 읽었다.

나라를 점령하면 그 나라의 종교의 자유를 허용했고, 문화와 생활방식을 마음대로 하도록 했다. 다만, 두 가지 문제, 페르시아 황제를 인정하는 것과 세금을 내는 것만을 지키게 했다. 로마 역시 마찬가지였다. 로마에 충성하고 협력하면 시민권을 주었다. 성경에 나오는 사도 바울은 로마 시민권자여서 지방 총독도 마음대로 체포하지 못했다. 로마가 이렇게 관대하게 하자 질서가 잡히고 나라가 번성했다. 유대를 보면 로마에 세금을 냈지만, 유일신 종교 때문에 로마 황제가 신이라는 점을 받아들이지 못했다. 그래서 갈등이 생기고 박해를 받았다. 유대교가 크지 못한 것은, 옳고 그름을 떠나, 종교적인 관대함이 없기 때문이다. 당나라는 아라비아 사람을 고급관리에 등용했다. 안녹산도 아라비아 사람인데 안녹산 봉기 이후 당나라는 아라비아와 외교관계를 끊었다. 사람도, 정치도 관대함이 있어야 성공한다."*

김대중 대통령의 관용의 정신은 단지 자신의 신앙적 태도에서 나온 것만이 아니다. 김 대통령은 고금의 역사에서 관용이야말로 사회통합과 국가발전의 원동력이 된다는 교훈을 찾았다. 또한 김 대통령은 자신이 겪은 경험에서 보복과 적대의 정치를 싫어했다. 납치살해의 위기를 겪고 사형선고까지 받은 피해자로서 관용의 정치가 필요하다는 확신을 가졌다. 보복과 적대의 정치는 국가를 분열시키고, 피해자뿐만 아니라 가해자의 심성까지 파괴하는 무서운 결과를 가져온다는 것을 누구보다도 잘 알고 있었다.

---

* 2007년 7월 1일, 비서관회의에서 하신 말씀이다.

박정희와의 화해

김대중 대통령은 용서와 화해, 관용의 정치를 실천한 분이다. 대표적인 것이 자신을 죽이려 한 박정희 대통령과 화해하고, 전두환·노태우 두 전직 대통령을 사면한 일이다.

박정희 대통령은 김 대통령을 최대의 정적으로 여겼다. 1960년대 6, 7대 국회의원 시절부터 시작된 박정희 대통령과 김대중 대통령과의 관계는 1971년 대통령 선거에서 여야 후보로 맞붙는 상황으로 가게 된다. 이에 앞서 1967년 7대 총선 때는 박정희 대통령이 직접 목포에서 국무회의를 소집하고, 목포역 앞에서 공화당 후보 지원유세까지 하면서 김대중 후보를 국회에 들어오지 못하게 할 정도로 견제했다.

1972년 10월 유신 이후 김대중 대통령은 박정희 정권으로부터 암살기도, 망명과 납치, 구속과 가택연금 등 말할 수 없는 박해와 탄압을 받았다. 박정희와 김대중은 생각에 차이가 있었다. 박정희는 경제개발을 위해서는 민주주의나 자유는 유보할 수 있다는 입장이었다. 그러나 김대중은 박정희의 그러한 주장에 동의하지 않았다. 둘은 병행되어야 한다고 생각했다. 다만 김대중은 박정희를 6.25의 폐허 위에서 국민들이 '할 수 있다'는 자신감을 심어준 것에 대해서는 평가했다.

김대중 대통령은 박 대통령의 정적이자 최대의 피해자였음에도 불구하고 대통령이 된 후 박정희 대통령 기념사업을 지원하기 위해 노력했다. 1999년 4월 지방정부의 업무보고를 받기 위해 박 대통령의 고향인 대구를 방문했다. 김 대통령은 그 자리에서 '전직대통령 예우에 관한 법률'에

근거해 박 대통령 기념사업을 정부가 적극적으로 지원하겠다고 약속했다. 그리고 박정희기념사업회 간부들과 만나 만찬을 갖고 생전에 박정희 대통령과 허심탄회하게 이야기를 나눌 기회를 갖지 못한 점을 아쉬워했다. 그리고 박 대통령 서거 당시를 회고했다.

"10.26 사건 당시 나는 '박정희 대통령 생전에 우리 두 사람이 정치의 양축을 이뤄왔는데 가슴을 열고 대화하지 못한 것이 아쉽다. 만일 대화를 했더라면 역사가 바뀌었을지도 모른다'고 말한 바 있다. 그해(1979년) 봄, 내 측근을 통해 차지철 당시 경호실장에게 박 대통령 면담을 요청했으나 거절당한 바도 있다."

그 후 약속대로 정부는 시민단체의 반대를 무릅쓰고 박정희기념관 건립에 200억 원을 지원했다. 그리고 박정희기념사업회는 김대중 대통령을 고문으로 위촉했다.

'산 자와 죽은 자의 화해'

박정희 대통령과의 관계에 있어서 더욱 극적인 것은 박 대통령의 장녀 박근혜 의원이 한나라당 대표 시절 아버지 때의 일을 사과한 것이다. 박근혜 한나라당 대표는 김 대통령이 대통령직에서 물러난 후인 2004년 8월 김대중도서관 집무실로 찾아와 말했다.

"아버지 시절 여러 가지로 피해를 입으시고, 고생한 데 대해 딸로서 사과 말씀드린다. 재임 중 기념관 문제로 어려운 결정을 한 것에 감사 드린다."

김 대통령으로서는 뜻밖이었고, 생각지도 않은 말이었다. 이 말을 들은 김 대통령은 말했다.

"과거에 대해 그렇게 말해주니 감사하다. 정치를 하면서 박 대통령의 최대 정적이었던 것은 사실인데 박 대통령이 국민에게 '하면 된다'는 자신감을 준 것은 평가할 만하다. 기념관 문제를 푸는 데 최대의 정적인 내가 적임자라고 생각했다. 박정희기념관도, 김대중도서관도 그렇지만 공과는 공정하게 평가하는 것이 국민을 위해서도 좋은 일이다."

김대중 대통령은 박 대표의 이야기를 듣고 "내 속에 있는 무슨 응어리가 풀린 것 같은 기분이 들었다"고 술회했다.* 김 대통령은 "아버지 시대 맺혔던 원한을 딸이 와서 같이 풀고 한 것이 우리가 인생을 사는 보람"이라고 생각했다.**

퇴임 후 2006년 3월 경북 경산에 있는 영남대학교에서 강연을 해달라

---

* 김대중, MBC 라디오 '손석희 시선집중' 출연 인터뷰, 2007년 2월 5일.
** 김대중, 〈조선일보〉 창간 85주년 특별인터뷰, 2005년 3월 1일.

는 요청이 왔다. 김 대통령에게 명예박사학위를 수여하겠다고 했다. 영남대학교는 박정희 대통령이 대통령직에 물러나면 활동하기 위해 세운 대학이다. 지금도 학교재단 정관 1조에는 "교주(校主) 박정희 선생"으로 되어 있다. 김 대통령은 당시 몸이 불편해 국내외 여러 대학의 강연이나 명예박사학위 수여 요청을 사절하고 있었는데 영남대학교의 요청만큼은 수락했다. 박정희 대통령과의 특별한 인연을 생각해서였다. 대구 지역의 한 신문은 김 대통령과 박 대통령의 사진을 나란히 싣고 '산 자와 죽은 자의 화해'라는 제목의 기사를 실었다.*

전두환과 노태우

김대중 대통령은 박정희 대통령에 이어 자신을 탄압하고 사형선고에까지 이르게 한 두 전직 대통령과도 화해했다. 1997년 12월 대통령에 당선되자마자 김영삼 대통령을 만나 전두환·노태우 대통령의 사면과 석방을 합의했다. 그들은 1980년 김대중에게 내란음모죄와 국가보안법을 뒤집어 씌워 사형선고를 받게 한 사람들이었다.

두 전직 대통령으로부터 가장 큰 피해를 받았다고 할 수 있는 5.18 관련 단체와 광주지역 재야원로들은 성명을 내고 전두환·노태우 씨의 사면에 동의한다고 발표했다. 물론 김 대통령의 이러한 조치에 반대하는 분들도 많았다. 전두환과 노태우는 당시 반란모의 참여 및 뇌물수수 혐의로 2년

---

* 〈매일신문〉 2006년 3월 21일자, '산 자와 죽은 자의 화해'.

여 동안 복역 중이었다.

두 전직 대통령은 김대중 대통령 당선자의 건의를 받아들인 정부의 특별 사면조치로 1997년 12월 22일 석방되어 자택으로 돌아갔다. 2개월 후 두 전직 대통령은 김대중 대통령의 취임식에 나란히 참석했다.

김대중 대통령의 이러한 조치에 대해 외국 언론들은 크게 관심을 보였다. 미국의 ABC 방송은 "전두환·노태우 두 전직 대통령에 대한 사면조치는 과거 군사독재자들에 의한 암살시도와 감옥생활, 망명 등으로 점철된 김대중 당선자의 지난 40년간 정치역정을 용서로서 마무리 짓는 것을 의미한다"고 보도했다.

2000년 김대중 대통령이 노벨평화상을 수상할 때 노벨위원회는 자기를 죽이려 한 이들 두 대통령에 대해 관용과 용서를 베푼 것이 수상의 한 이유였다고 밝히기도 했다.

용서란 가장 아름다운 것이다. 김대중 대통령은 자신에게 이루 말할 수 없는 고통을 주고 심지어 죽음의 문턱에까지 이르게 한 세 사람의 전직 대통령과 모두 화해했다. 1980년 11월 군사재판에서 사형을 선고받은 후 아들에게 보낸 편지에서 김대중은 다음과 같이 적었다.

"용서와 사랑은 진실로 너그러운 강자만이 할 수 있다. 꾸준히 노력하며 하느님께 자기가 원수를 용서하고 사랑하는 힘까지 가질 수 있도록 도와주시기를 언제나 기구하자. 그리하여 너나 내가 다 같이 승자가 되자."*

또한 김대중 대통령은 관용과 화해의 정신이 어떻게 나라를 통합하고 역사를 발전시키는지를 역사의 교훈에서 찾았다. 김 대통령은 재임 중 미국의 지도자들을 만나 이렇게 이야기했다.

"링컨을 신봉하는 한 민주주의 신봉자가 근 40년 동안 끝까지 독재와 싸워 결국 승리하였다. 링컨은 노예제도를 폐지한 그 원칙에는 확고하면서 노예제도 아래에서 악행을 저지른 사람들에 대해서는 관대했고, 이런 링컨의 정신이 존슨 부통령에 의해 고수되어서 미국이 둘로 갈라지는 것을 막았다. 나는 이런 것을 생각하면서 전두환 씨와 노태우 씨에 대해 관용을 베풀어야 한다고 주장을 했다."**

김대중 대통령은 이러한 생각을 국민들에게도 직접 말했다. 대통령 취임 후 가진 첫 번째 '국민과의 대화'에서 절대 정치보복 같은 것은 없을 것이라는 점을 국민 앞에 분명히 말했다.

"과거 내가 야당 때, '저 사람은 김대중이 대통령 되면 철창신세를 질 것이다'라고 말했던 사람들이 있다. 그 사람들 중에 철창신세 진 사람은 한 사람도 없다. 대통령 못하면 못했지, 절대로 정치보복 같은

---

* 김대중, 『옥중서신 1』(시대의 창, 2009) 172쪽. 군사재판에서 사형선고를 받고 1980년 11월 24일 아들에게 보낸 편지.
** 1998년 4월 23일 청와대를 방문한 미국외교협회(CFR, Council on Foreign Relations) 대표단과 오찬에서 하신 말씀이다.

것은 안 한다."*

　김 대통령은 대통령이 되어 자주 "당신을 부당하게 괴롭혔던 사람을 처벌할 생각을 하지 않았느냐?"는 질문을 받았다. 그때마다 우스갯소리로 "손보려고 따져보니 손볼 사람이 너무 많아서 포기했다"고 말했다. 사실이 그랬다. 김대중을 괴롭힌 사람들이 너무 많았다.

---

* 김대중, 국민과의 대화, 1998.5.10.

위대한 용서

큰아들 김홍일

　관용과 용서에는 역시 용기가 필요하다. 가장 용기 있는 자만이 용서할 수 있다. 김 대통령은 아들 셋이 있는데 장남이 김홍일 전 국회의원이다. 김홍일 전 의원은 파킨슨병을 앓고 있다. 김홍일 의원은 1980년 김대중내란음모사건 때 아버지 김대중 대통령과 함께 잡혀가 고문을 받았다. 당시 군 수사관들은 '아버지가 빨갱이라고 인정하라'고 추궁하며 고문을 가했다. 구타와 고문의 고통을 이겨내지 못한 김홍일 의원은 책상 위에 올라가 머리부터 시멘트 바닥으로 몸을 던져 자살을 기도했다. 그때 충격으로 병이 생겼다고 한다.
　돌아가시기 직전까지 김대중 대통령의 가장 큰 근심은 큰아들 김홍일 의원의 건강이었다. 거동이 자유롭지 못한 아들을 위해 자주 아들 집으로 찾아가 병세를 살펴보고 격려했다.

퇴임 후 김홍일 전 의원 딸의 결혼식이 있었다. 김대중 대통령과 이희호 여사도 손녀의 결혼식에 참석했다. 식이 끝난 후 가족사진 촬영을 하는데 김 대통령과 이 여사가 앞 의자에 앉고, 신랑신부, 양가 부모가 뒤에 섰다. 김홍일 의원은 아버지 김 대통령 의자 뒤에 섰다. 김 의원은 그때도 부축을 받아야 일어설 수 있었다. 김 의원은 아버지가 앉은 의자에 손을 짚고 온 힘을 주고 버티며 주위의 도움을 받지 않고 사진 촬영을 마쳤다. 사진 촬영이 끝나자 김 대통령은 뒤에 서 있는 큰아들에게 다가가 힘주며 서 있느라 흐트러진 아들의 양복 상의를 여미며 바로잡아주었다.

김 대통령은 자신 때문에 몸이 망가지고 고통을 받은 아들에게 미안했을 것이다. 아무리 명예와 권력을 얻은 사람이라도 자식 앞에 부모의 심정은 마찬가지다. 김 대통령은 아들의 양복 옷깃을 여며주며 '나 때문에 얼마나 힘드냐'고 말하고 싶었을 것이다.

사람들은 자신이 받은 고통과 수모는 용서할 수 있다고 한다. 그러나 자식이 받은 고통과 수모는 용서할 수 없다고 한다. 아마도 김 대통령은 큰아들이 자신 때문에 고통 받는 것을 보며 분노하는 마음을 가졌을 것이다. 김 대통령의 관용과 용서의 정신이 위대하다는 것은 보통사람이면 당연히 가질 분노와 보복의 감정을 이겨냈다는 데 있다. 김 대통령은 자신이 분노의 감정을 이겨낸 일을 이렇게 이야기했다.

"감옥에 있을 때 책도 많이 읽고 생각도 많이 했다. 그러면서 인간으로서 상상할 수 없는 분노와 갈등을 삭이고 다 용서했다. 전직 대통령에게 보복하지 않은 것은 나뿐이다. 전직 대통령들을 용서하고 감옥에 있는 분들을 사면해서 풀어줬다. 그것이 노벨평화상을 받은 이유 중의 하나가 됐다. 사람은 용서했지만 그 대신 나쁜 정치는 모두 개선하려고 노력했다."*

관용과 용서의 조건

관용과 용서는 김대중 대통령의 신념이었고, 철학이었다. 김 대통령은 관용과 용서에 어떤 조건을 붙이거나, 전제를 달지는 않았다. 그러나 김 대통령은 재임 5년 동안 과거 군사정권에서 일어난 범죄적인 사건들과 그 처리 문제에 대해서는 몇 가지 원칙을 세웠다.

"죄는 미워하지만, 사람은 미워하지 않는다."
"진상은 규명하되, 처벌은 하지 않는다."
"민주주의와 인권을 유린하는 법과 제도는 바꾼다."

김대중 대통령은 재임 중 이것을 실천했다. 앞에서 말한 것처럼 누구에게도 보복하지 않았다. 다만 과거 군사독재 시절에 있었던 인권유린 사건에 대해서는 철저히 그 진상을 규명하도록 했다. 그리고 민주주의와 인권을 유린하는 제도, 법, 관행을 고치거나 바로잡았다.

---

* 2009년 6월 19일, 비서관들에게 하신 말씀이다.

김 대통령은 진정한 화해를 위해서는 맺힌 한이 풀려야 한다고 생각했다. 과거 어두운 역사에서 있었던 수많은 억울한 죽음들, 민주화 과정에서 있었던 수많은 희생자들의 한을 쌓아두고는 화해도, 발전도 있을 수 없다고 생각했다. 김 대통령은 한에 대해 이렇게 말했다.

"춘향이의 한은 이몽룡을 만나서 풀어지고, 심청이의 한은 아버지의 눈을 뜨게 함으로써 풀어진다. 춘향이가 변 사또의 수청을 거부하고 감옥에서 정절을 지킨 것은 이몽룡을 만나기 위해서였고, 심청이가 공양미 삼백 석에 몸을 팔아 인당수에 몸을 던진 것도 앞 못 보는 아버지의 눈을 뜨게 하기 위해서였다. 부귀영화를 누리기 위한 것이 아니었다."

김 대통령은 "한은 패배가 아니기 때문에 이를 안고 전진해야 한다. 한은 또한 원망이나 복수로 연결되지도 않는다"[*]고 말했다. 다만 춘향이가 이 도령을 만나 한을 풀고, 심청이가 심 봉사의 눈을 뜨게 함으로써 한을 풀듯이 역사에서 희생된 사람들이 어떤 일을 하다가 어떻게 희생되었는지를 밝힘으로써 한을 풀어야 한다고 생각했다. 그렇지 못하면 유가족들은 평생의 한을 안고 살아갈 수밖에 없다고 생각했다.

이러한 생각에서 김 대통령은 억울하게 죽음을 당한 사람들과 민주화 운동에 희생한 당사자들과 가족들의 한을 풀어주기 위해 노력했다. 4.3

---

[*] 김대중, 『행동하는 양심으로』 '서문', 금문당, 1985.

제주민중항쟁 진상 규명과 명예회복, 민주화운동 명예회복, 군 의문사 규명, 광주민주화운동 명예회복 등 과거에 일어난 인권유린 사건에 대해 철저한 규명에 나서도록 했다. 그리고 국가가 할 수 있는 범위 내에서 보상하도록 했다.

김대중 대통령은 국가보안법을 개정하려는 생각이 강했다. 그러나 당시 연합정부를 구성하고 있던 자유민주연합의 반대 등 정치상황 때문에 개정하지 못했다. 그러나 대통령으로서 법이 신중하게 집행되도록 엄정하게 감독함으로써 과거처럼 사건의 조작이나 인권유린이 일어나는 일을 막았다. 그렇게 해서 김대중 대통령이 이끈 '국민의 정부'에서는 학생들이나 재야인사들이 국가보안법으로 구속되는 사례가 현저히 줄어들었다.

국가인권위원회는 김대중 정부의 인권분야에서의 최고의 업적이라 할 수 있다. 국가인권위원회법(인권법)은 UN 권고안 등 국제기준과 선진입법례에 부합하는 인권보장 장치로서 '선진인권의 모델'을 마련한 데 그 의의가 있다. 국가인권위원회는 정부의 간섭을 배제한 독립된 국가기구로서 인권상황에 대한 실태조사 및 교도소 등의 구금보호시설 시찰, 각종 인권침해 행위의 구제, 인권교육 등 국민의 인권향상을 위한 실질적인 역할을 수행하는 것을 목적으로 하고 있다.

김 대통령은 자신의 사건에 대해서도 진상을 명확히 하여 역사에 정확히 기록되기를 바랐다. 먼저 김 대통령을 광주민주화운동의 배후조종자로 지목해 국가보안법과 내란음모죄로 사형까지 선고했던 이른바 '5.17 김대중내란음모사건'에 대해 퇴임 후 재심을 신청했다. 재임 때 하지 않은 이유는 현직 대통령의 과거 사건을 심리해야 할 법원의 부담을 줄여주기 위해서였다. 2004년 1월 법원은 재심 결과 무죄를 선고했다. 김 대통령은 법원에 직접 출두해 재판정에 섰고, 재판이 끝난 후 법원을 떠나면서 "국민과 역사는 반드시 승리한다는 것을 다시 한 번 깨달았다"고 소회를 밝혔다. 1973년 일본 도쿄에서 발생한 '김대중 납치사건'은 모든 정황에서 당시 박정희 정권의 납치살해기도사건임이 분명함에도 불구하고 한일 정부 간에 아직 그 진상이 명확히 정리되지 못하고 있다.

은혜 갚기와 편지 쓰기

은혜 갚기

김대중 대통령이 박정희 정권 시절 1973년 도쿄에서 납치되었을 때, 그리고 1980년 전두환 신군부에 잡혀가 사형선고를 받고 죽음의 문턱에 있을 때 국제사회의 구명운동이 김 대통령의 생명을 살리는 데 결정적 역할을 했다. 당시 국내에서는 언론통제가 극심했다. '김대중'이란 이름이 들어간 기사는 당국의 사전검열에 의해 기사가 취소되거나 수정되었다. 이 때문에 이러한 국제사회의 구명운동은 보도되지 않았고, 우리 국민들은 잘 알지 못했다. 김 대통령은 야당 때, 혹은 대통령이 되어 구명운동에 참여한 분들을 일일이 찾아가 목숨을 구해준 은혜에 감사했다. 김 대통령은 은혜를 잊지 않았다.

김 대통령은 청주교도소 감옥에 있을 때 자신의 처지에 대해 이렇게 썼다.

"내 옷소매에 눈물이 떨어질 때 동정을 베푼 사람의 은혜를 잊지 않으려고 마음만은 간직해왔다. 그러나 내 환경이 이를 허용치 않았다. 나는 자식들이 내가 다하지 못한 보은을 다해주기를 간절히 바라고 있다."*

김 대통령은 망명과 연금과 감옥 생활로 인해 자신에게 도움을 준 분들에게 '은혜 갚기'를 다하지 못하는 환경을 이야기하며, 설사 내가 다하지 못해도 자식들이라도 그 은혜를 갚아주기를 원했다.

프랑스의 리오넬 죠스팽(Lionel Jospin) 전 총리는 김 대통령의 은인이다. 김 대통령이 1980년 신군부로부터 사형언도를 받았을 때 프랑수아 미테랑(François Mitterrand, 1916~1996) 대통령과 함께 국제적인 구명 운동에 앞장선 분이었다. 대통령이 되어 2000년 3월 프랑스를 방문할 때 죠스팽 총리를 만나 감사를 표시했다.

독일 통일과 동서 화해를 위한 기반을 조성한 빌리 브란트(Willy Brandt, 1913~1992) 독일 수상은 김 대통령과 개인적으로도 좋은 친구 사이였다. 독일 통일 후 많은 문제점들이 불거져 나오자 브란트 총리는 김 대통령에게 한국은 통일을 성급하게 추진하는 우를 범하지 말 것을 충고하기도 했다. 또한 1980년 신군부에 의해 사형선고를 받았을 때 사민당

---

* 김대중, 『옥중서신 1』 473쪽, 1982년 11월 26일자 편지, 시대의 창, 2009.

명예총재였던 빌리 브란트 전 총리는 전두환 대통령에게 "김대중 씨를 사형시켜서는 안 된다"고 편지를 보내 구명을 촉구한 바 있었다. 김 대통령은 브란트 수상이 1992년 서거했을 때 이희호 여사와 아들을 장례식에 참석하도록 했고, 김 대통령은 베를린을 방문해서 그의 묘지를 참배하기도 했다.

폰 바이체커 독일 대통령도 김 대통령의 큰 은인이다. 김 대통령이 1980년 신군부에 의해 사형선고를 받고 목숨이 위태로웠을 때 독일연방의회는 여야 만장일치로 '김대중 씨의 자유와 생명을 구원하기 위한 결의안'을 채택한 적이 있었다. 이 결의안은 당시 기민당 원내총무인 헬무트 콜 전 총리와 연방하원 부의장이었던 폰 바이체커 전 대통령이 주도했다. 김 대통령은 1998년 2월 대통령 취임식 때 폰 바이체커 대통령을 한국에 초청했다.

스웨덴의 올로프 팔메(Olof Palme, 1927~1986) 총리 역시 각별한 인연을 가진 분이다. 그는 1986년 2월 스톡홀름 거리에서 암살당했는데, 1960년대와 1980년대에 걸쳐 두 차례 스웨덴 총리를 역임했다. 김 대통령이 1973년 도쿄에서 납치된 직후 스웨덴 총리로서 일본을 방문하여 김 대통령의 신변 안전에 우려를 표명해 국제사회에 반향을 일으켰다. 1980년 내란음모사건으로 구속돼 사형선고를 받았을 때에도 각종 국제회의에 참석해 김 대통령이 정치적 희생양임을 줄기차게 제기하면서 신군부를 압박했다. 그리고 옥중에 수감되어 있는 김 대통령에게 약품을 보내주기도 했다. 김 대통령은 1984년 미국 망명 중 하버드 대학에서 처음으로 팔메 총리를 만났고, 1986년 팔메 총리가 암살당한 후에는 리스벳 팔메 여사와 서신교환을 하며 가족처럼 친교를 유지했다. 야당 총재로 스웨덴을 방문했을 때 팔메 여사를 예방하기도 했다. 퇴임 후 2004년 11월 스웨덴 방문 때 팔메센터를 방문해 팔메 총리의 위대한 정신에 머리 숙여 존경을 표시했다.

김 대통령은 1980년 사형선고를 받고 수감 중일 때 옥중에서 브루노 크라이스키 인권상을 받았다. 이 상은 오스트리아의 총리 브루노 크라이스키 총리를 기리기 위해 제정한 상이다. 이 상의 수상자로 결정되면서 국제사회는 김 대통령의 구명운동을 적극 전개하게 된다. 김 대통령은 1993년 영국 케임브리지에서 수학할 때 오스트리아로 브루노 크라이스키 인권재단을 방문해 직접 감사를 표했다.

김 대통령은 1980년 사형선고를 받고 미국의 카터 대통령과 레이건 대통령의 도움으로 생명을 구할 수 있었다. 김 대통령은 1983년 미국 망명 중에도 카터 대통령을 만나 생명을 살려준 은혜에 감사를 표시했다. 그 뒤에서 여러 차례 직접 만나 감사를 표했다. 대통령이 된 후 2000년 9월 UN 천년정상회의 참석 중 카터 대통령 내외와 조찬을 함께하며 그때 도움이 없었다면, 오늘의 내가 없었을 것이라며 생명을 구해준 것에 감사를 표했다. 그리고 대통령 취임 후 1998년 6월 미국을 방문하고 귀국하는 길에 시간을 내 레이건 대통령 자택을 방문하였는데, 그때 레이건 대통령은 알츠하이머병으로 병상에 누워 있었다. 김 대통령은 레이건 대통령을 보살피는 낸시 여사를 위로하고, 생명을 구해준 은혜에 감사드렸다.

영국에 본부를 둔 국제사면위원회(AI, Amnesty International)는 김 대통령이 1980년 사형선고를 받자 김 대통령을 양심수로 선정하고, 바로 사형집행을 반대하는 국제 캠페인을 전개했다. 김 대통령은 1993년 영국 케임브리지에서 연구 중일 때 국제사면위원회 영국본부를 찾아가 그때의 은혜에 감사했다. 국제사면위원회는 김 대통령을 야당 때나, 대통령 재임 중일 때, 그리고 퇴임 후에도 가장 친근한 아시아의 지도자로 생각했다.

김대중 대통령은 이렇게 자신을 도와준 분들에게 살아계신 분들은 직접 본인에게, 그리고 돌아가신 후에는 가족이나 관계된 곳을 직접 찾아가 '은혜 갚기'를 계속했다. 김 대통령이 세계에 친구가 많은 것은 목숨을 내건 민주주의 투사라는 점뿐만 아니라, 은혜를 잊지 않는 사람으로 기억되기 때문이다.

편지 쓰기

김대중 대통령이 사람을 사귀는 데는 편지 쓰기가 아주 중요한 부분을 차지한다. 김 대통령은 세계의 친구들에게 편지 쓰기를 즐겼다. 편지를 통해 자신의 생각을 전달하고, 상대와 가족의 안부를 물었다.

김 대통령의 편지에는 의례적인 편지가 없었다. 비서진들이 통상적인 인사와 안부를 묻는 편지를 만들어 오면 그것을 참고로 다시 쓰거나 많은 수정을 가했다.

먼저 김 대통령은 한반도를 비롯한 세계의 문제에 대해 자신의 분석과 입장, 그리고 이 문제들이 향후 어떻게 전개될 것인지에 대해 적었다. 그리고 어떻게 하면 이 문제가 해결될 수 있고, 어떤 노력을 기울여야 하는지를 적었다. 또한 편지를 받는 분에게 이런 노력을 해주었으면 좋겠다는 당부를 잊지 않았다.

돌아가시기 전 마지막으로 보낸 편지는 중국 시진핑 국가부주석에게 보낸 편지다. 김 대통령은 2009년 7월 13일 서울 신촌 세브란스 병원에 입원하기 위해 집을 떠나면서 침상에 걸터앉아 시진핑 부주석에게 보낸 편지에 '金大中'이라고 서명했다. 이 편지는 입원 2개월 전인 2009년 5월 중국 베이징 인민대회당에서 만난 시진핑 부주석에게 보낸 편지였다. 이 편지에서 김 대통령은 베이징 방문 때 보여준 중국의 환대에 감사하고, 북한 핵문제 해결을 위한 중국의 협력을 당부했다. 그리고 김 대통령은 자신보다 한 살 위인 시진핑 부주석의 노모에게 안부를 전해달라고 말하고 편지를 마쳤다.

이에 앞서 김대중 대통령은 2009년 5월 18일 서울 하얏트 호텔에서 방한 중인 클린턴 대통령과 만찬을 가졌다. 이것은 생애 마지막 공식 만찬이었다. 이날도 김 대통령은 클린턴 대통령과 부인인 힐러리 클린턴 미 국무장관에게 보내는 장문의 편지를 전달했다. 이 편지를 작성하는 데는 무려 일주일 이상이 걸렸다. 김 대통령은 이 편지에서 북한 핵문제를 다루는 데 있어서 성공과 실패의 경험을 설명하고, 어떻게 하면 해결할 수 있는지 등을 적었다. 그리고 클린턴 대통령에게 역할을 해주기를 부탁했다. 클린턴 대통령은 이 편지를 '외교문서'로 표현했다. 클린턴 대통령은 만찬을 마치고 "내 임무는 이 '외교문서'를 첫째는 내 아내인 힐러리에게 전하고, 둘째는 힐러리를 통해 오바마 대통령에게 전달하는 것이다"라고 화답했다. 클린턴 대통령의 부인 힐러리는 미국의 국무장관으로 미국의 대외정책의 수장을 맡고 있다. 김 대통령은 『마지막 일기』에서 그날 만찬에 대해 다음과 같이 적었다.

"미국의 클린턴 전 대통령이 내한한 길에 나를 초청하여 만찬을 같이 했다. 언제나 다정한 친구다. 대북정책 등에 대해서 논의하고 나의 메모를 주었다. 힐러리 국무장관에게 보낼 문서도 포함했다. 우리의 대화는 진지하고 유쾌했다."*

김대중 대통령은 항상 편지를 받는 상대방과의 인연을 상기하는 내용을 추가했다. 편지에서 김 대통령은 편지를 받는 사람이 과거 어려운 시절에 보내주었던 성원과 격려에 감사를 표시했다. 그리고 당신을 어디에서 만나 이런 이야기를 나눈 적이 있었는데 그때 당신의 의견이 좋았다든가, 최근 당신에 대해 이런 소식을 보도를 통해 들었는데 그것에 대해서 내 생각은 이렇다든가 하는 내용을 꼭 집어넣었다. 그리고 가족들에 대한 인사도 구체적으로 넣어 안부를 묻고 전했다. 이렇게 하고 나면 아주 친밀한 사이에서 주고받는 편지가 됐다. 해외여행을 다녀온 경우에도 꼭 초청해주거나 대화를 나눈 상대방에게 아주 친절한 내용의 편지를 보냈다. 이렇게 해서 우정을 유지했다.

가족과 이웃

김대중 대통령의 글과 말을 보면 한결같은 내용 중의 하나가 가족, 친구, 이웃을 강조하는 부분이 많다. 김 대통령에게 삶의 목표는 무엇보다도

---

* 김대중, 『마지막 일기』, 2009년 5월 18일자 일기.

가족과 이웃이었다.

김 대통령은 자신의 평생 모토인 '행동하는 양심'으로 산다는 것은 멀리 있는 것이 아니라 이웃사랑에 있다고 말했다. "내 형제, 부모, 이웃을 마음으로 사랑하고 그들에게 봉사할 일이 있으면 기꺼이 하는 것, 그것이 '행동하는 양심'이다"라고 말했다. 그리고 젊은이들에게도 그렇게 살라고 말했다.

『옥중서신』을 보면 아들과 며느리들에게도 가족의 중요성을 일깨워주는 대목이 많이 나온다. 남편과 아내가 지켜야 할 본분과 도리에 대해서도 구체적으로 언급한다.

김대중 대통령은 자신을 고난 속에서 지켜준 것을 네 가지로 말한다. 첫째는 가톨릭신자로서의 신앙, 둘째는 '정의는 반드시 국민과 역사 속에서 승리한다'는 역사관, 셋째는 '무엇이 되느냐가 아니라 어떻게 사느냐'가 중요하다는 인생관, 넷째는 가족의 이해와 사랑이었다. 정치도 가족을 위해서, 친구를 위해서, 이웃을 위해서 하는 것이라고 말했다.

김 대통령은 과거 야당 시절이나 대통령 시절, 퇴임 후에도 바쁜 시간을 쪼개어 가족 간의 유대와 화목을 위해 애썼다. 가족식사, 가족기도와 같은 시간을 가졌다. 퇴임 후에는 파킨슨병을 앓고 병석에 누워 있는 큰아들 김홍일 전 의원 집을 찾아가 아들의 투병생활을 돌보고 격려했다. 손자 손녀들에게도 할아버지로서 격려와 충고의 말을 아끼지 않았다. 김 대통령이 남긴 『마지막 일기』에는 이런 내용도 있다.

"손자 종대에게 나의 일생에 대해 이야기해주고 이웃사랑이 믿음과 인생살이의 핵심인 것을 강조했다."*

80이 넘은 할아버지가 20대의 손자를 앞에 앉혀 놓고 자신의 일생과 올바른 삶이 무엇인지를 말해준 것이다. 참으로 아름다운 모습이다. 김 대통령이 이렇게 할 수 있었던 것은 평소 가족들과 대화하고, 화목을 유지해왔기 때문이다. 이 손자는 할아버지에게 이 말을 들은 지 3개월이 지난 후 할아버지인 김 대통령의 영정을 들어야 했다.

김대중 대통령은 퇴임 후 삼복더위의 여름이나 해가 바뀌는 연말이 되면 자신을 가까이서 돌보는 비서, 경호원, 집안을 돌보는 직원들을 가까운 식당으로 초청해 함께 식사를 했다. 여름에는 주로 삼계탕을 함께 먹었는데 비서실은 이것을 '동교동 삼계탕 파티'라 불렀다. 이 행사에서 김 대통령은 직원들에게 한마디씩 하도록 하고 마지막으로 직원들을 격려하는 말을 잊지 않았다. 때때로 비서관들의 부인들까지 초청했다. 그 자리에서 김 대통령은 사람의 인연이 얼마나 소중한 것인지, 우리가 지금 하고 있는 일이 얼마나 가치 있는 일인지를 말하며 격려했다.

리더십의 출발은 가족, 형제, 친구, 이웃을 챙기고 보살피는 데 있다. 김대중 대통령은 이것을 실천했다.

---

* 김대중, 『마지막 일기』 2009년 5월 30일자 일기.

자율과 책임의 리더십

후계자는 없다

김대중 대통령이 서거하신 후 주위에서 간혹 김 대통령이 후계자로 누구를 생각했느냐는 질문을 받는다. 김 대통령은 정치적으로 따르는 분이 많고, 거기에는 지도적인 인물도 많기 때문에 자신의 후계자로 생각해둔 사람이 있지 않았겠느냐는 것이다.

그러나 김대중 대통령은 지도자가 가져야 할 덕목은 여러 차례 말한 바 있지만, 구체적으로 누구를 거명해서 '이 사람이 내 후계자다'라거나, 혹은 '누가 차기 지도자감이다'라고 말한 적은 없다.

김대중 대통령은 차기 지도자가 가져야 할 덕목으로 민주주의, 시장경제에 대한 신념, 사회정의와 '분배의 정치', 평화의 리더십, 21세기 지식정보화 시대의 글로벌한 감각 등을 제시했다. 특히 김 대통령은 지도자는 국민을 사랑하는 리더십을 가져야 하며, 정책이 잘못되었을 때 그 책임을 지는 리더십을 가져야 한다고 말했다. 그리고 관념적인 공리공론에 치우치지 않는, '실제적 일을 통해서 진리를 구한다'는 '실사구시(實事求是)'의 리더십을 강조했다.

김대중 대통령은 지도자는 스스로 꿈을 가지고 스스로 커야 한다는 점을 강조했다. 누가 키워주거나 밀어주는 리더십은 오래가지 못한다고 생각했다. 또한 특정한 권위에 의존하는 리더십은 타율적인 리더십이고, 최후의 선택자인 국민을 무시하는 일이기도 하다.

김대중 대통령의 리더십의 특징 중의 하나는 자율과 책임의 리더십이다. 자기 스스로 비전과 꿈을 키우고 국민과의 대화 속에서 도전과 경쟁을 뚫고 성장하는 리더십이야말로 진짜 리더십인 것이다.

"지원하되 간섭하지 않는다"

김대중 대통령의 자율과 책임의 리더십이 잘 나타나는 경우를 '국민의 정부'가 추진한 문화정책에서 찾아볼 수 있다. '국민의 정부' 문화정책의 원칙은 "지원하되 간섭하지 않는다"는 것이었다. 대통령에 취임하고 나서 1998년 봄 문화관광부 업무보고를 받으면서 맨 처음 한 말이다.

시나 소설을 쓰고, 음악이나 미술을 하고, 영화나 드라마를 만드는 문화창작자들은 경제적으로 취약한 사람들이기 때문에 국가의 지원이 필요하다. 그러나 국가가 지원을 한다는 명목으로 이들의 창작행위에 제한을 둔다거나 정권의 입맛에 맞는 문화활동만을 권장하거나 하면 창작의욕이 떨어지게 마련이다. 영화필름에 가위질을 한다거나 소재의 제한을 두는 것은 창작행위를 간섭하는 행위다. 여기에서 우수한 문화작품이 나올 수 없다.

김대중 대통령이 이끈 '국민의 정부'는 각종 문화지원정책을 집행하고 지원했다. IMF 경제위기 속에서 문화정책을 추진하는 데 어려움이 많았다. 그러나 김 대통령은 "문화에 대한 투자는 어려운 경제사정을 이유로 중단될 수 없다. 보릿고개에도 농부가 씨앗을 아끼듯이, 문화에 대한 지속적 투자는 이 난국을 벗어나는 지혜가 될 것"임을 역설했다. 이러한 문화 발전에 대한 확고한 의지는 문화계의 오랜 숙원인 정부재정 대비 문화예산 비율을 1%로 올리는 성과를 거두었다. 영화제작을 지원하기 위해 1,500억 원의 예산을 지원했다. 그러나 문화인들의 창작활동을 간섭하지 않았다. 오히려 문화인의 창작활동에 제약이 되는 검열제도와 같은 규제들을 없애고 바로잡았다.

'국민의 정부' 시절 〈쉬리〉, 〈JSA 공동경비구역〉 등의 영화가 나와 국민들의 사랑을 받고, 한국영화의 르네상스의 단초를 열었다. 이들 영화는 과거와 같으면 상영하기 힘든 소재, 즉 북한문제, 군대 등을 소재로 하는 영화였다.

영화에서 시작된 한국문화의 발전은 대중음악, 뮤지컬, 드라마, 디자인 등으로 번져나가 일본을 시작으로 아시아 전역에 '한류'가 꽃피었다. 한편으로는 정부의 지원도 힘이 되었지만, 문화인들의 자율성이 높아지자 창의성이 발휘된 것이다.

일본대중문화 개방

1998년 10월 김대중 대통령 임기 첫해 일본을 방문해서 일본의 오부치 게이조 수상과 정상회담을 가졌다. 일본은 한국을 지명하여 과거사를 사과했다. 두 정상은 '21세기 한일파트너십 공동선언', 즉 '김대중-오부치 선언'을 발표하고 미래 지향적인 한일관계를 발전시키기로 선언했다. 이때 김 대통령은 일본대중문화 개방을 선언했다.

이에 앞서 김 대통령의 일본대중문화 개방 입장이 알려지면서 국내에서는 거센 논란이 일어났다. 일본의 음란문화, 저질문화가 국내에 들어와 우리 문화를 잠식할 것이라는 논리였다. 그러나 김 대통령은 확고한 입장을 가지고 국민들을 설득했다.

김대중 대통령은 우리 민족의 저력을 네 가지로 설명했다.[*] 첫 번째로 문화 창조력을 들었다. 수천 년 동안 중국의 영향권에서 살아오면서도 중국화가 되지 않은 유일한 민족이 우리 민족이라고 말했다. 내몽고와 만주족 등 중국 주변의 민족은 이미 중국화가 돼버렸지만, 우리 민족은 중국화되지 않았고, 오히려 중국으로부터 유학을 받아들여 조선유학으로 발전시키고, 불교를 받아들여 해동불교로 발전시켰다고 했다.

두 번째로 교육열을 제시했다. 우리 민족은 유대민족과 같은 높은 교육열을 가진 민족으로, 마을마다 서당과 훈장을 두고 아이들을 가르쳤으며,

---

[*] 김대중 대통령, 고려대 인촌강좌 "우리 민족을 생각한다", 1998.6.30. 대통령 취임 후 첫 강연으로 강연에 앞서 명예경제학박사 학위를 받았다.

6.25전쟁 중에도 소 팔고 논 팔아 자식들을 교육시킨 민족이라고 말했다.

세 번째 우리 민족의 저력은 저항의식에 있다고 말했다. 수나라, 당나라와 전쟁에서 끝까지 싸웠고, 몽고의 침략에는 삼별초가 강화도, 제주도까지 물러나면서도 끝까지 저항했다고 했다. 일제 40년간 무장투쟁을 벌인 민족은 세계독립운동사에서 우리 민족이 유일하다고 말했다.

김 대통령은 마지막으로 우리 민족의 저력을 한(恨)의 정서에서 찾았다. 김 대통령은 우리 민족의 한의 정서는 포기하지 않고 좌절하지 않는 정신이라고 말했다.

이러한 저력을 가진 민족이 일본문화와의 경쟁에서 질 리가 없다고 생각했다. 만일 일본문화와 경쟁해서 사라질 문화라면 그런 문화는 차라리 없어지는 게 낫다고까지 말했다. 김 대통령은 문화란 서로 교류하면서 발전한다고 생각했다. 문화쇄국주의야말로 망하는 길이라고 생각했다.

김 대통령의 이런 예상은 적중했다. 오히려 예상보다 더 큰 결과를 낳았다. 1998년 10월 김 대통령의 일본 방문 이후 1차 '한류'가 시작됐다. 일본인들은 한국 음식, 의상 등에 관심을 갖기 시작했다. 그 뒤 일본은 한국의 드라마, 영화, 대중음악 등으로 관심이 넓어지면서 '한류'가 시작된 것이다. 일본의 문화가 우리 문화를 잠식할 것이라는 우려는 한낱 기우에 불과했다.

여기에서도 자율과 책임의 리더십은 관철됐다. 김 대통령은 먼저 우리 문화의 독창성과 저력을 믿었고, 우리 문화인들의 창의력을 믿었다. 리더는 이처럼 자기 역사, 문화, 국민에 대해 믿음을 가져야 한다. 만일 그 당시 한국의 대통령이 '우리 문화는 일본문화에 비해 약하다. 개방은 시기상

조다'라는 주장을 하며 문화개방을 머뭇거렸다면, 우리 문화인들은 더욱 위축되고, 자존심은 더욱 꺾였을 것이다.

민주주의가 문제다

토론과 소통

민주주의는 자율과 책임을 바탕으로 한다. 자기 마음껏 생각을 펼치되 그 결과에 대해서는 책임을 지는 것이다. 자율과 책임은 구성원들의 개성과 창의력을 빛나게 만든다. 반대로 민주주의를 하지 않는 경우에는 자율성도 약해지고, 책임도 지지 않으며, 거기에서 창의력과 개성이 나올 리가 없다.

지난 10년의 민주정부(김대중-노무현 정부)가 우리 사회를 변화시킨 것 중의 하나는 자율과 책임의식을 국민들에게 심어주었다는 데 있다. 우리 사회는 산업화만큼이나 민주화도 압축적으로 진행된 사회라 할 수 있다. 1987년 6월항쟁 이후 정치적 민주화는 진행되었지만, 시민들의 일상생활에서는 민주적 과정과 절차가 정착되지 못했다.

그러나 민주정부 10년을 거치면서 사회 각 부문에서 민주적 절차가 자리 잡고 이를 위한 토론과 소통이 일상화됐다. 관과 민, 세대와 세대의 갈등과 같은 사회적 충돌도 완화되었다. 지금의 동사무소, 정부 민원창구는 국민의 봉사기관, 서비스 기관으로 자리 잡고 있다. 과거처럼 공무원들이 민원인들을 무시하고 군림하지 못한다. 세대와 세대 간의 갈등도 과거 정치행태만큼이나 권위적이고 가부장적이었던 관계에서 동등하고 서로의 의사를 존중하는 관계로 그 방향이 바뀌었다. 학교와 가정은 물론 심지어 병영, 교도소 등에서도 이런 변화가 이루어졌다. 이것은 우리의 민주주의가 성숙하면서 가져온 변화라 할 수 있다. 이 근저에는 민주주의가 일상으로 확산되면서 높아진 시민들의 자율성과 책임의식이 자리 잡고 있다.

앞에서 말한 '한류'의 바탕에도 민주주의가 있다. 김대중 대통령이 중국을 방문했을 때 중국의 고관들이 '한류' 열풍으로 유행하던 한국 드라마를 언급하며, "왜 같은 기술을 가지고도 중국은 한국과 같은 재미있는 드라마를 만들지 못하는지 모르겠다. 한국 드라마가 재미있는 비결이 무엇이냐?"는 질문을 받았다. 김 대통령은 속으로 '당신 나라는 민주주의를 안 해서 그렇다'라고 생각했지만 중국 고관들에게 말하지는 못했다.

민주정부 10년의 최대 성과

자율과 책임의식은 동시에 시민사회를 성장하게 한 원동력이 됐다. 과거 민주정부로의 이행 기간에는 소수의 명망가나 대표적인 단체들이 시민사회를 대표했다. 그러나 지난 민주정부 10년 동안 다양한 분야에서 시민단체들이 만들어지고 시민사회운동 영역도 지역과 부문으로 다종다양화 됐다. 정치, 사회, 환경, 통일 등 거대 담론뿐만 아니라 먹거리, 주거환경, 교통 등 주거와 생활 속에서 일어나는 문제에 대해서 자신들의 요구와 수준에 맞는 다종다양한 활동 프로그램을 만들어내고 있다. 시민들이 이러한 시민운동에 회원으로 가입해 돈을 내면서 능동적이고 자발적으로 참여하고 있는 것이다. 선진 민주국가 거버넌스의 기초인 정부, 시장, 시민사회의 3대축이 형성된 시기가 바로 민주정부 10년이다.

이렇게 책임의식을 갖고 자율성을 키운 시민들의 의식은 쉽게 무너지지 않는다. 자유롭게 말하고 쓰고 자신을 표현하는 경험을 가진 시민들은 과거와 같이 길들여지고 순응하는 시민으로 되돌려지지 않는다. 오히려 자율, 창의, 자유의지와 같은 민주적 가치를 체득한 시민들은 정치사회적 이슈와 계기를 쫓아 더욱 폭발적인 힘을 발휘한다. 2000년의 낙천·낙선운동, 2002년 월드컵의 '붉은악마'와 '효순·미선 양 사건' 촛불시위, 2004년의 노무현 대통령 탄핵 반대 촛불시위, 2008년 광우병 수입소 반대 촛불시위 등에서 보듯이 대중적 국민운동으로 발전하기까지 한다.

자율과 책임의 리더십은 시민들의 자율성과 책임의식을 믿는 리더십이다. 시민들의 건강한 판단과 창의력을 믿는 것이다. 자율과 책임의 리더십에는 토론과 대화가 필요하다. 민주주의사회의 시민은 자신이 납득하고 이해할 때 행동한다. 타율과 일방주의가 통하지 않는다. 사회의 성숙함, 시민들의 건강성을 믿고 시민들의 자율성과 책임감이 잘 발휘되도록 사회적 토론과 공정한 소통의 환경을 조성해주는 것이 리더십의 기본이다.

이러한 점에서 김대중 대통령이 씨를 뿌린 민주정부 10년은 자율과 책임의 리더십을 추구했고, 시민들도 그 속에서 성장했다고 할 수 있다. 이것이야말로 민주정부 10년의 최대 성과라 할 수 있다. 이 저력은 과거 민주화 운동의 역사적 성공 경험과 함께 우리 사회의 건강성과 진보성을 지켜낼 것이다.

조직과 시스템을 중시하라

자율과 책임의 리더십은 조직과 시스템을 중시하는 리더십으로 이어진다. 김대중 대통령은 재야와 야당 활동을 하면서 여러 조직이나 단체를 만들고, 정당활동을 했다. 이 과정에서 참여하는 사람들에게 역할을 부여하고 직책을 주었다.

역할과 직책을 부여하면서 김 대통령은 항상 임명장이나 위촉장을 만들어주거나, 수여식 같은 의식을 가졌다. 이렇게 하는 것은 이유가 있었다. 먼저 이러한 의식은 당사자에게 자신이 맡은 역할에 대한 자부심을 갖게 함으로써 참여의식을 북돋우고 책임의식을 높이는 것이기도 하다. 또한 그 사람에게 해당되는 역할을 맡긴다는 것을 대외에 공표함으로써 다른 사람도 그 사람의 역할을 인정하라는 의미이기도 했다.

정치라는 것이 말이 많고, 같은 사안에 대해서도 관련된 사람이 많다. 어떤 사안에 대해서 지도자에게 여러 가지 의견을 제시한다. 그러나 김 대통령은 반드시 해당 책임자와 상의하고, 혹은 해당 책임자를 통해 의견을 제시하도록 했다.

조직과 시스템을 중시하는 리더십은 정부 운영에서도 잘 나타났다. 청와대 비서실과 정부부처는 협력관계이지만, 최고통치권자를 직접 보좌하는 비서실의 힘이 더 커 보일 때가 많다. 과거 박정희, 전두환 정권 때는 대통령과 가장 가까운 곳에 있는 경호실이 최고 권력기관인 적도 있었다. 그때는 비서실과 국무위원들도 경호실의 통제를 받았다. 과거 박정희 정권의 중앙정보부나 전두환 정권의 국가안전기획부(안기부)도 그런 적이 있었다. 이와 관련해 김 대통령은 대통령 취임 후 가진 첫 국무회의에서 이렇게 말했다.

"과거와 달라서 비서실이나, 특정 기관이 국무를 좌우하고 국무위원들은 나와서 요식행위에나 참가하는 그런 국무위원의 국무 운영은 이제 하지 않겠다."*

또한 김대중 대통령은 비서실의 임무를 분명히 했다. 국정은 내각(국무위원)이 책임을 지고 하는 것이고, 비서실은 내각과 대통령 사이에서 다리 역할을 하면서 대통령을 보좌하는 역할임을 강조했다. 이렇게 비서실이 정부가 하는 일을 나서서 하는 것을 제한했다. 특정 현안에 대해 청와대 비서실이 나서면 그때부터 장관이나 정부부처의 역할은 없어진다.

국민들은 청와대 비서실의 말을 대통령의 뜻으로 해석한다. 정부부처도 마찬가지다. 비서실이 말하고 결정한 대로 일이 처리되게 마련이다. 그렇게 되면 정부부처의 자율성과 책임은 사라지게 되고, 결국 대통령과 국무

---

* 김대중 대통령, 첫 국무회의 말씀, 1998.3.3.

위원이라는 국정 담당자들의 역할 역시 사라지게 된다. 리더십이 와해되는 것이다.

책임의 정치

리더는 자신의 말과 행동에 책임을 질 줄 알아야 한다. 책임을 지는 것은 리더에게 꼭 필요한 자질이지만, 또한 쉽게 받아들일 수 없는 성질을 가지고 있다. 특히 실적을 추구하는 기업이나, 당이나 정부 같은 공적 조직을 운영하는 사람에게는 책임을 지는 자세가 중요하다. 이미 기업 등 사적 영역에서는 최고경영자(CEO)의 책임을 제도화해 놓고 있다.

공적 영역의 책임은 더욱 막중하다. 공적인 자리에서 수행하는 일은 수많은 국민들의 실생활에 크고 작은 영향을 미치기 때문에 정치권과 여론에서도 검증이 계속된다. 그래서 공적인 임무를 수행하는 사람의 판단은 신중해야 한다.

김대중 대통령은 '책임의 정치'를 강조했다. 자신을 선택해준 국민들에게 자신의 정책을 펼칠 책임이 있고, 그 정책의 결과에 따라 역시 책임을 져야 한다는 것이다. 국민들이 좋아하고 동의하면 성공하는 것이고, 그렇지 못하면 책임을 지고 정책을 수정하든지, 그렇게 해도 국민들이 납득하지 못하면 물러나야 한다는 것이다. 특히 변화 속도가 빠른 현대사회일수록 '책임의 정치', '책임의 리더십'은 더욱 필요하다.

그러나 문제는 대부분의 사람들이 왜 내가 책임을 져야 하고, 자리에서 물러나야 하는지를 납득하지 못한다는 데 있다. 나는 잘했고, 최선을 다했는

데 왜 내가 책임을 져야 하느냐 하는 것이다. 정치권이나 언론의 납득할 수 없는 비판과 비난이 문제이지, 자신의 과오가 원인이 아니라고 생각한다.

그러나 최고 리더의 경우는 다르다. 비켜갈 수 없는 정책적 잘못이 있는 경우에 책임을 지는 것은 당연하다. 그러나 개인의 흠, 정책적 잘못이 없다하더라도 국민여론, 조직(국가)의 최고 목표 등을 종합적으로 생각해서 과감하게 책임을 묻는 경우가 필요하다. 읍참마속의 결단을 내리는 것도 리더의 몫이다. 리더는 '책임을 묻는 리더십'을 발휘할 줄 알아야 한다. 당사자로서는 서운한 일이기도 하지만, 이것은 최고의 리더들이 감수해야 하는 일이고, 통치권 차원의 리더십에서 더욱 필요한 일이다.

책임을 지고, 책임을 묻는 리더십을 실천하는 것은 어려운 일이다. 김 대통령의 경우 재임 5년 동안 교육부장관이 7번이나 바뀌었다. 어느 정책보다 안정적이고 이른바 백년대계를 세워야 하는 분야인 교육정책의 수장을 자주 바꾼 것이다. 김 대통령은 여기에 대해 "일곱 번이나 바꾼 것은 지나쳤지만, 그때마다 사정이 있었다"고 술회했다. 7명의 장관들이 정책적 과오가 있거나 자질, 비리 때문에 다른 분으로 바뀌었다고 생각하지는 않는다.

실제 우리 정부의 장관들은 너무 자주 바뀐다. 이름을 알 만하면 다른 장관들이 들어서는 경우가 많다. 출신학교나 지역 안배, 당시 정치상황, 분위기 전환과 같은 통치권자로서 판단과 고려가 원인이 되기도 하겠지만, 장관의 잦은 변동은 국민들도 불편한 일이고, 자율과 책임의 리더십 원리에도 맞지 않는 일이다.

김대중 대통령이 인사에서 장관을 정치적 고려에서 자주 바꾼 것만은 아니다. 김 대통령은 책임의 정치를 위해 노력했다. 대표적인 경우가 임동원 장관과 박지원 장관이다. 어떤 정치평론가는 김 대통령은 '정책은 임동원, 정치는 박지원'을 통해 책임정치를 하려고 했다고 평가했다. 김 대통령은 '햇볕정책'을 총괄하는 임동원 장관을 외교·통일·안보분야에서 5년간 일하게 했다. 임 장관은 통일부장관, 국정원장, 청와대 외교안보통일특보 등 이름은 달리했지만 5년간 김 대통령 곁에서 일했다. 박지원 장관 역시 청와대 대변인, 문광부장관, 청와대 정책기획특보, 비서실장으로 5년 임기를 같이했다. 임 장관은 중간에 국회에서 탄핵을 받았고, 박 장관 역시 언론의 문제제기로 잠시 물러나 있은 적도 있었지만 끝까지 곁에 두고 자신을 보좌하게 했다.*

안주섭 경호실장에게는 단임제 5년 임기 대통령제 하에서 처음으로 5년 동안 경호실장으로 일을 맡겼고, 김명자 환경부장관은 3년 8개월 동안 계속해서 정부 일을 맡아 최장수장관이라는 이름을 얻었다. 그밖에도 많은 인사들이 김 대통령을 끝까지 곁에서 보좌했다.

이들 인사들의 특징은 정책적 전문성이 있거나 특히 부지런했다. 김 대통령은 성실하고 부지런한 사람을 좋아했다. 또한 이들 인사들은 김 대통령이 국정을 통해 펼치고자 하는 바를 정확히 아는 사람들이었고, 충성심이 있는 분들이었다.

---

* 국회는 2001년 8.15 방북단 중 한 사람이 평양 만경대를 방문하고 쓴 방명록의 내용을 문제 삼아 이들의 방북을 허가한 임동원 통일부장관의 해임건의안을 통과시켰다. 그러나 김 대통령은 바로 임동원 장관을 대통령 외교안보통일특보로 임명했다. 2001년 박지원 당시 문광부장관은 금융 스캔들과 관련됐다는 소문과 관련해 장관직을 그만두었으나 김 대통령은 얼마 있지 않아 대통령 정책기획특보로 기용했고, 임기말에는 대통령 비서실장에 임명하여 보좌하게 했다.

칭찬하기와 꾸중하기

칭찬하는 리더십

퇴임 후 김대중 대통령을 보좌하면서 가장 보기 좋은 김 대통령의 장점을 고르라고 한다면 사람을 칭찬하고 격려하는 모습이라고 할 수 있다. 김 대통령은 찾아오는 분들에게 칭찬하기를 좋아했다. 스스로 일기에 '칭찬을 많이 하자'라고 기록하기도 했다.

김 대통령의 칭찬하기는 듣기에 좋은 말, 기분 좋은 말을 하는 것만이 아니다. 그 사람이 했던 과거의 일과 지금 상황을 종합적으로 살펴보고, 과거의 헌신과 노력을 평가하는 것에서부터 시작해 지금 하고 있는 일, 하려고 하는 일에 대해 어떤 점이 좋은지를 구체적으로 말한다. 그리고 그 일에 대한 자신의 견해를 피력한다.

과거 학생운동 시절 지도적인 위치에서 활동하다가 불우한 가정사 등으로 혼란과 갈등 속에 있는 젊은 여성이 동교동으로 김 대통령을 찾아온 적이 있다. 김 대통령은 이 여성이 자신이 처한 상황을 이겨내고 더 적극적인 사회 활동을 하기를 바랐다. 오랜 시간 그 여성이 했던 과거 활동의 의미를 평가해주면서 "당신은 지금 당신 혼자가 아니다"며 분발하도록 격려를 해주었다.

간혹 주위 사람들이 청소년기 혹은 대학생 자제들을 데리고 와 김 대통령에게 한마디 격려의 말을 듣기를 원했다. 감수성이 예민하고 자신의 진로를 고민하는 청소년 시절에 노벨평화상을 받고 한국의 대통령을 지낸 분에게 격려와 지도의 말을 한마디라도 듣는다면 인생의 전기를 마련할 수 있을 것이라고 생각한 것이다.

리더는 칭찬에 인색하지 말아야 한다. 칭찬은 미사여구로 상대를 기분 좋게 하는 것이 아니다. 상대방의 처지를 이해하고, 상대방이 한 일과 하려고 하는 계획을 평가해주고 조언하는 것이다. 칭찬은 또 구체적일수록 좋다. 그 사람의 행적과 태도를 잘 살펴보고 좋은 점, 장점을 지적해주도록 해야 한다.

칭찬은 개인의 분발을 가져와 자율성과 책임의식을 높여준다. 비록 리더의 위치는 아니더라도 사회적 지위가 높아지고, 나이가 들수록 아랫사람에게 해주는 한마디의 말이 그 말을 듣는 사람에게는 생각보다 큰 영향, 자극을 준다는 것을 명심해야 한다.

김대중의 참모관

김대중 대통령이 좋아하는 사람은 부지런한 사람, 의견이 있고 대안을 분명히 말하는 사람이었다. 김 대통령이 싫어하는 사람은 게으른 사람, 의견이 없는 사람이었다.

참모는 과감하게 자신의 의견과 대안을 제시할 줄 알아야 한다. 상황만을 나열하고 문제점만을 나열하는 참모는 제대로 된 참모라 할 수 없다. 참모는 대안을 말하는 것을 주저하거나 두려워해서는 안 된다. '대안이 리더에게 거부되면 어떻게 해야 하나'라는 생각은 잘못이다. 그 대안을 통해 리더가 생각할 수 있고 더 좋은 대안을 찾을 수 있게 한다면 성공하는 것이다. 참모의 보고서와 대안은 일차적으로 리더의 '생각자료'이다.

김 대통령은 자신의 참모와 비서실이 자신의 눈과 귀와 머리가 되기를 바랐다.

> "비서관은 대통령의 귀가 되고, 눈이 되고, 때로는 머리가 되어야 한다. 그렇게 하려면 마음이 항상 안정되어야 하고, 건전한 상식을 가지고 있어야 되고, 사무를 균형 있게 판단해야 하고, 청렴결백해야 하고, 일을 성실히 해야 한다."*

김 대통령은 참모와 비서들의 역할에 대해 큰 의미를 부여했다. 리더를 보좌하기 위해서는 리더보다 더 많이 생각해야 한다고 말했다. 특히 나라를 맡은 사람을 보좌하는 사람들은 리더보다 더 많이 생각하고 더 많이 공

---

* 김대중 대통령, 청와대 수석비서관 임명장 수여식 말씀. 1998.2.25.

부하고 더 많은 사람들을 만나 의견을 들어야 한다고 했다. 부지런한 참모를 좋아하는 이유가 여기에 있다.

그러나 참모를 훌륭한 참모로 만드느냐, 평범한 참모로 남게 하느냐 하는 것은 결국은 리더의 역할이라고 생각했다.

"대통령이 일을 알고 시킬 줄 알면 밑의 사람도 제대로 한다. 말도 기수에 따라 천리마도 되고, 짐이나 끄는 말도 되는 것처럼 대통령이 밑에 있는 부하의 장점을 최대한 뽑아서 활용하는 것이다. 그렇게 해야 잘한다."*

김대중 대통령은 비서들에게 과도하게 무리한 일을 시키지 않았다. 그리고 비서들의 가정생활과 개인시간을 존중했다. 참모에게 부여한 업무 범위 안에서 일을 시키고, 참모의 능력 범위 안에서 일을 맡겼다. 특히 참모의 장점을 파악하고 칭찬하는 것을 아끼지 않았다.

김대중 대통령이 아랫사람을 대하는 데 있어서 배울 점은 아무리 나이 어린 사람에게도 예의를 갖추고 배려하는 마음을 가졌다는 점이다. 퇴임 후 김 대통령에게 드리는 보고는 집무실이나 사저 응접실에서 이루어졌다. 때로는 사저 서재나 안방에서 보고하는 경우도 있었는데, 이 경우에도 김 대통령은 먼저 옷을 가지런히 정리하고 비서들이 앉을 자리를 마련해 놓고 비서들을 들어오게 했다. 부득이 업무가 끝난 시간이나 공휴일에 비

---

* 김대중 대통령, 뉴스 앵커들과의 오찬 말씀, 1999.2.2.

서들을 부를 일이 있으면 "언제 몇 시까지 들어오라"며 시간에 여유를 두고 불렀다. 비서들의 개인 생활과 계획을 배려한 것이다.

꾸중의 기술

그러나 김대중 대통령이 아랫사람을 꾸중하는 일이 전혀 없었던 것은 아니다. 김 대통령은 참모들의 판단과 일처리에 대해 잘못된 점이나 미흡한 점을 분명하게 지적해주었다. 김 대통령은 참모를 꾸중하는 자신만의 원칙을 가지고 있었다. 첫째는 사람들 앞에서 참모를 꾸중하지 않았다. 둘째는 꾸중할 일이 있으면 조용히 잘못된 점을 지적해주었다. 셋째는 꾸중하고 나서 다른 사람에게 절대 말하지 않았다.

김 대통령은 공적인 비판은 당당하게 공개적으로 해야 한다고 생각했지만, 사적인 비판은 달라야 한다고 생각했다. 사적인 비판의 경우는 꾸중하는 것이 상대방의 마음속에 수용되지 않으면 아무런 유익이 없다고 생각했다. 김 대통령은 『다시, 새로운 시작을 위하여』라는 책에서 '비판의 기술'을 언급하며 이렇게 말했다.

"나는 비판을 하면서 두 가지 원칙을 지켜왔습니다. 하나는 먼저 상대방의 입장이나 장점을 인정해주는 비판, 그리고 두 번째는 상대방의 인격을 훼손하지 않으면서 하는 비판입니다. 상대방의 입장이나 장점을 인정해주지 않으면, 상대방은 비판을 자기에 대한 비난으로 생각하고 수용해주지 않습니다. 상대방의 인격을 존중하는 비판이 되기 위해서는 다른 사람들 앞에서 비판하지 말아야 한다는 것입니다."*

리더와 참모는 공동운명체이다. 서로 존경하는 관계가 되어야 한다. 그러기 위해서는 리더는 리더다워야 하고, 참모는 참모다워야 한다. 리더가 자신을 따르고 돕는 참모의 잘못을 지적하는 것은 잘못의 시정을 통해 공동운명체로서 리더와 참모가 함께 발전하기 위해서이다.

또한, 리더는 포용력을 갖추어야 한다. 중국 고사성어에 "큰 산은 흙덩이 하나도 버리지 않고, 큰물은 물방울 하나도 품지 않는 게 없다"라는 말이 있다. 이 말대로 리더는 포용력이 있는 사람이다. 리더는 아랫사람의 능력과 지식이 조금 부족하더라도 사람을 소중히 여기는 사람이다. 리더는 아랫사람의 생활 형편, 일하는 환경, 고민을 이해하고 살펴주는 사람이다.

더욱이 리더는 자신과 철학과 원칙을 같이하고 자신의 이상과 정신을 펼칠 참모를 감싸고 지켜주는 사람이다. 참모가 일시적으로 고통을 받고 있을 때, '그 문제는 네가 알아서 할 일'이라고 외면한다면, 참다운 리더라 할 수 없다. 참모의 일을 함께 해결해주는 리더야말로 존경받는 리더이다.

앞에서 말한 바 있는 임동원 통일부장관과 박지원 문광부장관을 재임 5년 동안 곁에 두어 보좌하게 한 이유도 이 두 참모가 자신의 정책을 추진하고 국정을 운영하는 데 꼭 필요한 사람이라고 생각했기 때문이다. 더욱이 두 참모는 당시 정치상황 속에서 언론과 야당으로부터 부당한 공격을

---

* 김대중, 『다시, 새로운 시작을 위하여』 199~200쪽 '비판의 기술', 김영사, 1993.

받고 있다고 생각했기 때문이다. 그래서 김 대통령은 두 참모를 끝까지 지켰다.

퇴임 후 대북송금 특검*을 할 때 당시 신권력층 사람들은 "왜 동교동에는 장세동 같은 사람이 없느냐?"며 박지원 대북특사에게 책임을 질 것을 압박했다. 장세동은 안기부장을 지낸, 전두환 대통령의 심복이다. 그러나 김 대통령은 박지원 비서실장에게 "당신은 나라를 위해서 일했고 아무 잘못이 없는데, 왜 나쁜 일을 한 장세동처럼 책임을 져야 하느냐? 떳떳하게 끝까지 싸우라"며 독려했다. 그리고 김 대통령 스스로 대북송금 특검은 잘못된 일이며, 박지원, 임동원 등은 잘못이 없다고 주장하며 법정투쟁을 응원했다. 수시로 감옥과 병원에 있는 참모들에게 비서들을 보내 격려했다.

이처럼 리더는 참모들이 고통을 받을 때 함께 그 문제의 해결을 위해 싸워주고 격려하고 응원하는 사람이다.

---

* 2003년 2월 김대중 대통령이 퇴임하면서 노무현 대통령의 참여정부는 2000년 남북정상회담의 대가로 북한에 거액을 송금했다는 의혹을 가지고 특별검사를 임명해 조사했다. 특검 결과 5억 달러의 대북송금은 당시 현대그룹이 북한으로부터 관광, 철도와 도로 건설, 공단 건설, 통신 등 7대 사업을 얻는 대가로 건넨 것이며, 남북정상회담과의 관련성은 없는 것으로 밝혀졌다.

비판을 할 때

먼저 상대방의

입장이나 장점을

인정해주고,

상대방의 인격을

훼손하지 마라.

세계인으로 사는 리더십

세계지도 앞에서

김대중 대통령은 '세계인으로 사는 리더십'을 갖추고 실천한 분이다. 여기에서 말하는 '세계인'이란 자신을 세계 속에 사는 사람으로 생각하고 세계적 시각을 갖고 살아가는 사람을 말한다. 세계적인 문제를 알고, 세계적인 조류를 아는 사람이다. 세계인이란 세계를 머리에 이고, 세계를 품에 안고 사는 사람을 말한다.

김대중 대통령은 세계를 무대로 살았다. 한편으로는 조국 대한민국을 위해 살았지만, 관심과 활동 영역은 세계를 넘나든다. 김 대통령을 연구하는 어떤 분은 "김 대통령은 인생 스토리도 드라마와 같지만, 우리 역사에서 김 대통령만큼 세계적으로 활동영역이 넓은 분은 없을 것이다"라고 말했다. 김 대통령의 이러한 폭넓은 활동은 나라의 품격을 높여주었다.

김 대통령 서거 이후 아쉬운 것 중 하나가 김 대통령이 쌓아놓은 수많은 국제적인 인사들과의 네트워크가 단절되지 않을까 하는 점이다. 특히 정치분야에서 우리 지도자들은 김 대통령과 같이 세계를 무대로 일하고, 세계의 지도자들과 대화하는 리더십이 부족하다.

김대중 대통령에게는 독특한 습관이 하나 있다. 야당 때나 재임 중에나 퇴임 후에도 집무실이나 서재, 혹은 침실 벽에 세계지도를 하나 걸어두는 것이다. 김 대통령은 그 지도 앞에 서서 여러 가지를 생각했다. 김 대통령은 평소 비서들에게 국제적인 여러 사안에 대해 말하곤 했다.

"동남아시아 어디에서 홍수가 나고. 아프리카 어느 나라에서 기근이 나 사람들이 많이 죽었다. 유럽의 어느 나라에서 선거가 있었는데 어떤 당이 승리하고 누가 수상이 됐다. 그 사람은 어떤 사람이다."

김 대통령은 지도를 보며 세계 여러 곳에 있는 친구들을 생각했다. 남아프리카공화국의 넬슨 만델라 대통령의 건강을 걱정하고, 독일의 폰 바이체커 대통령의 지성을 흠모하고, 영국 케임브리지 시절의 스티븐 호킹 박사와의 우정을 생각했다. 미국의 빌 클린턴 대통령의 '맑은 영혼'을 생각했고, 중국의 장쩌민 주석이나 주룽지 총리와의 우정을 회고했다. 그리고 버마 아웅산 수지 여사의 오랜 연금과 버마 군부의 독재를 걱정했다. 일본과 미국의 여러 도시를 눈으로 짚어가며 납치와 망명 시절의 일을 회상했다. 그리고 망명과 연금, 민주화 시절 물심양면으로 도움을 주었던 친구들을 생각했다.

수니파와 시아파의 갈등이 아프가니스탄, 이란, 이라크 등 중동지역 분쟁에 어떤 영향을 미치고 있고, 유대교와 이슬람의 갈등이 팔레스타인 사태를 어떻게 끌고 갈지를 관찰했다. 중국의 성장과 발전이 동아시아와 세계에 어떤 의미가 있는지, 중국과 대만 문제, 티베트와 신장(新疆)자치구 문제, 빈부격차, 도시와 농촌 문제를 중국의 지도자들이 어떻게 해결할지를 생각했다. 독립한 러시아연방 국가들이 가진 천연자원을 우리가 어떻게 활용할지를 생각했다. 기아와 내전에 허덕이는 아프리카와 아직도 빈곤의 늪에서 빠져나오지 못하는 동남아시아의 많은 나라의 상황을 걱정했다. 가까운 이웃 일본이 민주주의 제도를 운영하면서도 50년 넘게 자민당이 정권을 잡고 보수우익의 정치가 계속되는 것을 걱정했다.* 반면에 민주주의 체제를 유지하면서 세계에 두각을 나타내는 인도를 흐뭇하게 바라보았다.

김 대통령은 이렇게 지도를 보며 항상 세계정세와 지리, 인물들을 숙지하면서 글로벌한 감각을 구체적으로 갖고자 했다. 그리고 외국 언론들의 보도를 읽고 그 동향을 관찰했다. 일본 〈아사히신문〉은 매일 동교동 사저로 배달됐다. 매일 비서실에서 보고하는 주요 외신 기사를 읽었다.

김대중 대통령은 세계의 큰 흐름을 망원경으로 보듯이 멀리 넓게 바라보고, 각 나라의 사정들을 현미경처럼 좁고 깊게 숙지했다. 세계의 트렌드, 조류의 변화를 감지하고자 노력했다.

---

* 김대중 대통령 서거 한 달 후인 2009년 9월 일본은 민주당이 정권을 잡음으로써 50년 만에 정권교체가 이루어졌다.

세계화 시대

세계인이 된다는 것은 이미 우리 앞에 닥쳐와 있는 세계화 시대에 살기 위해 선택해야 할 피할 수 없는 길이다. 이미 세계는 하나의 지구촌으로 변했다. 과거 국민국가 시대와는 다르다. 국경의 의미가 점점 사라지는 시대다. 그렇다면 김 대통령은 21세기 세계화 시대를 어떻게 보았을까?

김 대통령은 21세기의 가장 큰 특징을 지식정보화 시대로 보았다. 김 대통령은 인류는 역사를 통해 다섯 번의 혁명, 즉 인류의 탄생, 농업혁명, 도시혁명, 사상혁명, 산업혁명을 치렀다고 분석하고, 세계는 지금 21세기에 '지식혁명'이라는 인류 문명사상 여섯 번째 대혁명을 겪고 있다고 보았다. 20세기는 경제와 군사력이 국력이었지만 21세기는 지식이 국력이 될 것이라고 보았다. 김 대통령은『마지막 일기』에서 지식 헤게모니 문제로까지 생각을 심화시켰다.

"인류의 역사는 맑스의 이론 같이 경제형태가 주도하는 것이 아니라 지식인이 헤게모니를 쥔 역사 같다. 1. 봉건시대는 농민은 무식하고 소수의 왕과 귀족 그리고 관료만이 지식을 가지고 국가 운영을 담당했다. 2. 자본주의 시대는 지식과 돈을 겸해서 가진 부르주아지가 패권을 장악하고 절대 다수의 노동자 농민은 피지배층이었다. 3. 산업사회의 성장과 더불어 노동자도 교육을 받고 또한 교육을 받은 지식인이 노동자와 합류해서 정권을 장악하게 되었다. 4. 21세기 들어

전 국민이 지식을 갖게 되자 직접적으로 국정에 참가하기 시작하고 있다. 2008년의 촛불시위가 그 조짐을 말해주고 있다."[*]

또한 김 대통령은 21세기는 이미 눈에 보이지 않는 무형의 지식과 정보, 그리고 문화가 국가경쟁력의 원천이며, 인류문명의 진보를 이끄는 원동력이 되고 있고, 문화 경쟁의 장에서 이긴 자가 승자가 될 수 있다고 보았다. 또한 문화는 단순히 인간의 정신적 삶을 풍요롭게 할 뿐 아니라, 문화산업을 일으켜 엄청난 고부가가치를 창출하는 21세기의 핵심적인 기간산업이 될 것이라고 보았다. 문화산업은 20세기의 조선이나 자동차와 똑같은 기간산업이 될 것이라고 보았다. 20세기가 자본과 노동이 중심이 되는 시대였다면, 21세기는 정보산업, 첨단지식산업이 중심이 되는 시대라고 보았다. 그리고 세계를 주도하는 선진국들은 군사나 경제뿐 아니라 문화 분야에서도 예외 없이 앞서가고 있는데, 그러한 경향은 날로 심대해져 가고 있다는 사실을 우리는 직시해야 한다고 말했다. 문화의 창달 없이는 국가의 부강도, 국민의 삶의 질의 향상도 기대할 수 없다는 것이다.

김 대통령은 이러한 세계화 시대에 가장 적합한 민족이 우리 민족이라고 생각했다. 뛰어난 문화 창조력과 교육열이 그것을 가능하게 해준다고 보았다. 특히 짧은 시간에 컴퓨터와 인터넷에 익숙해진 우리 국민들의 모습을 보고 더욱 확신을 갖게 됐다.

---

[*] 김대중, 『마지막 일기』 2009년 3월 18일자 일기.

세계인이 되라

그렇다면 지식, 정보, 문화가 중심이 되는 세계화 시대에 세계인으로 살기 위해서는 어떻게 해야 하는가? 김대중 대통령은 다음의 세 가지를 강조했다.

첫째, 개방적인 사고를 가져야 한다. 배타적인 생각을 가져서는 안 된다. '세계는 한 가정'이라는 만방일가(萬邦一家)의 생각을 가져야 한다. 김 대통령은 단일민족이 좋은 것만은 아니라고 했다. 세계화, 개방화 시대에 꼭 단일민족을 고집하는 것이 맞는가 하는 것이다. 지금 우리나라에 들어와 있는 외국인 노동자들이 우리 경제에 얼마나 도움이 되는지를 알고 이들을 잘 대접해주어야 한다고 했다.

둘째, 신문의 국제면을 잘 읽어야 한다. 우리나라의 신문은 국제면이 너무 적고, 방송의 경우 국제뉴스의 양도 너무 적다. 김 대통령은 방송사 등 언론사 간부들을 만나면 세계 12대 경제대국으로 성장한 나라가 아프리카나 러시아연방 국가들, 동유럽에 특파원이 없는 것을 개탄했다. 국제문제에 관심이 적고, 국제면을 읽는 독자가 적고, 국제뉴스를 보는 시청자가 적기 때문에 언론들의 관심도 적은 것이다.

셋째, 세계와 소통하는 기술을 가져야 한다. 언어다. 영어, 중국어, 일본어를 잘해야 한다. 그렇게 해서 세계의 친구들을 사귀고 교류해야 한다. 특히 동양인은 한자를 잘 읽고 쓸 수 있어야 한다. 한자를 알면 일본어나 중국어도 쉽게 접근할 수 있다.

세계여행을 자주 다니고 세계의 친구들과 사귀고, 세계의 문물을 배우는 자세를 가져야 한다. 우리는 비록 대한민국에서 살지만 생각은 세계인의 자세로 하고 행동 역시 세계인이 되어야 한다. 앞으로 일자리도 세계를 상대로 찾아야 하고 비즈니스도 세계를 상대로 해야 한다. 정말 어느 재벌 그룹 회장을 지낸 분의 말처럼 '세계는 넓고 할 일은 많다.'

동아시아 평화구상

미래학

김대중 대통령은 미래학에 관심이 많았다. 김 대통령은 과거 역사 속에서도, 그리고 자신이 겪은 당대의 경험에서도 국민과 역사를 믿었지만, 미래에도 국민은 위대한 선택을 할 것이고, 역사는 발전한다는 신념을 가지고 있었다. 과거에 통달하고 현실의 문제에 천착하면서도, 국가와 세계와 인류의 미래에 대한 통찰을 계속했다.

김대중 대통령의 독서 목록에는 유난히 미래 예측도서가 많다. 앨빈 토플러, 피터 드러커, 존 나이스비트 등 미래학자들의 책을 많이 읽었다. 김 대통령은 우리의 미래가 어떤 모습인지를 관찰했다.

김대중 대통령은 퇴임 후 유럽의 한 학자로부터 '50년 후의 세계'에 대해 기고를 해줄 것을 요청받았다. 김 대통령은 이 글을 쓰기 위해 많은 자료와 책을 읽었다. 김 대통령은 이 글에서 "50년 후의 세계는 인류 역사상 최대 격변의 시대에 봉착하게 될 것"이라며, "지금까지 제한적으로 이루어진 우주, 해양, 생명공학, 로봇 등의 분야에서 놀라운 발전이 이루어져 인간의 삶과 생활양식에 커다란 영향을 미치는 시대가 될 것"이라고 예측했다.

김 대통령은 50년 후에는 우주산업이 본격화되어 우주정거장과 우주도시가 등장하게 되고 지구 밖의 행성에 대한 탐험으로 지구에 없는 무한한 새로운 에너지자원과 광물자원을 확보하게 될 것이라고 예측했다.

또한 해양어로 시대에서 양식업 시대로 전환되고 선박의 고속화와 초대형화로 해양 수송혁명 시대가 열리고, 새로운 해양도시가 출현할 가능성도 있다고 보았다. 분자생물학의 발전으로 생명의 근원이 파악되고, 의학기술의 경이로운 발전으로 약물치료를 통한 신체 내 기관, 신경, 상처의 치료와 재생이 가능해지고 더 나아가 인간의 장기와 뇌신경 세포가 복제를 통해서 교체 가능해질 것이고, 이로 인해 인간의 수명이 100세 이상이 되는 시대가 올 것으로 예측했다.

뇌보다 빠르고 편리한 인공지능 시스템의 시대가 오고, 생각만으로 의사소통이 가능해지는 시대가 오고, 로봇과 컴퓨터가 인간 지능을 대신함으로써 화이트칼라와 블루칼라의 직업계층이 사라지게 될 것으로 보았다.

또한 기술의 발달로 전 세계 언어의 동시통역이 가능해지고 모든 문화의 전면적 교류로 복합문화 시대가 도래할 것이며, 네트워크의 발전으로 인간의 생활이 국가 이상의 차원에서 행해지고 국가는 하나의 사회조직으로 남게 될 것으로 예측했다.

그러면서 한편으로 비관적인 전망들에 대해서도 함께 걱정했다. 이러한 장밋빛 전망 외에 부의 양극화가 오히려 현재보다 더욱 심화되어 인구의 5%가 부의 95%를 점유한 결과 소외계층의 테러, 폭동, 전쟁으로 인류의 파멸적 상태를 초래할 가능성도 있다고 보았다. 또한 극단적인 정보화의 발달은 중세시대 이상으로 인간의 사생활을 침해할 수 있고 인공지능의 발달로 인간과 로봇 간의 갈등을 우려했다. 기후변화와 수질오염 등 환경 악화로 대재난이 발생하여 인류가 파멸적 위기에 봉착할 수도 있다고 예견했다.

그러나 김 대통령은 "인류는 과거의 역사를 비추어봤을 때 이러한 시련들을 슬기롭게 극복하여 더욱 긍정적인 방향으로 발전되어 갈 것이다"라고 생각했다.

김 대통령의 미래에 대한 관심은 국가와 세계의 문제를 생각하는 지도자로서 지금의 트렌드는 물론, 미래의 진행 방향을 알고 미리 대비하려는 것이었다고 할 수 있다. 지금처럼 세계화의 속도가 빠른 사회일수록 글로벌한 감각을 가지고 '세계인으로 사는 리더십'은 더욱 필요하다.

외교하는 국민

김대중 대통령은 또한 젊은이들에게 '외교하는 국민이 되라'고 가르쳤다. 김 대통령은 2006년 10월 서울대 초청강연에서 이렇게 말했다.*

---

* 김대중, 서울대 통일연구소 초청강연, "북한핵과 햇볕정책", 2006.10.19.

"외교하는 국민이 되십시오. 한국은 그 지정학적 위치로 인해서 외교가 생명입니다. 그러나 우리 국민은 외교에 관심이 너무 적습니다. 성질이 급해서 외교를 그르칠 수도 있습니다. 외교가 우리의 운명을 좌우한다는 것을 깊이 깨닫고 우리 주위에 있는 외국인부터 사귀기 시작하십시오. 가능한 한 세계 여러 나라를 자주 다니십시오. 한국과의 관계를 돈독히 하고자 하는 벗들이 많이 생기도록 4천 7백만 전 국민이 외교하는 국민이 되어야 합니다. 19세기와 20세기는 민족주의 시대였지만, 21세기는 세계화 시대입니다. 우리 모두가 세계인이 되어야 합니다."

김 대통령이 젊은이들에게 말한 '외교하는 국민, 세계인이 되라'는 당부는 중요한 의미가 있다. 김 대통령은 우리처럼 4대 강국에 둘러싸여 있는 나라는 세계에 우리밖에 없다고 했다. 그리고 과거에 미국, 일본, 중국, 러시아 이들 모두가 우리 운명에 직접적으로 관계한 역사적 경험을 가지고 있다는 것이다. 20세기 초반 이 나라들은 우리나라에서 러일전쟁, 청일전쟁을 벌였고, 일본과 미국 사이에 체결한 가쓰라-태프트 밀약* 으로 한국은 일본의 식민지가 됐다.

김 대통령은 "한국은 네 마리의 코끼리 사이에 있는 작은 코끼리"라는 폴 케네디의 말을 인용해 우리가 처한 지정학적 상황을 설명했다. 자칫하

---

* 1905년 미국과 일본 사이의 밀약으로. 일본은 미국의 필리핀 지배를 묵인하는 대신. 미국은 일본의 조선 지배를 묵인한다는 내용이 들어 있다.

면 큰 코끼리에 깔려 죽을 수 있다. 반면에 우리가 지혜를 발휘해 잘 헤쳐 나가면 주변 4대국을 우리의 시장으로 활용할 수 있다는 것이다. 김 대통령은 "도랑에 든 소가 양쪽의 풀을 뜯어 먹듯이 우리가 지혜롭게 하면 4대국이 모두 도움이 된다"라고 말했다.

우리 민족의 최대 과제는 통일이다. 통일을 하는 데 주변 4대국의 협력이 필요하다. 그러나 주변 4대국이 우리의 통일을 모두 좋아하고 도와줄 것이라고 생각하는 것은 순진한 생각이다. 우리의 통일이 자신들에게 도움이 된다고 생각할 때 우리에게 협력하게 된다. 오히려 주변 4대국은 한반도 통일에 '방해꾼', '간섭자'가 될 가능성이 높다.

김 대통령은 여기에서 독일의 예를 들었다. 유럽은 처음에는 독일의 통일을 바라지 않았다. 2차 세계대전에서 유럽 전역을 침략하고 수백만 명의 유대인들을 학살한 히틀러의 나치 독재를 생각하며, 만일 독일이 통일국가가 돼 유럽에 위협이 되는 것을 걱정했다. 그러나 여기에서 독일은 지혜를 발휘했다. 독일은 과거에 자신이 저질렀던 범죄를 진심으로 사과했다. 전쟁범죄자를 처벌하고 후세들에게 자기 민족이 저지른 잘못을 교육시켰다. 그리고 동독과 서독이 대화하고 교류협력해서 평화적인 통일을 지향했다. 또 한편으로는 전승 4대국, 즉 미국, 영국, 프랑스, 소련을 설득했다. 이것을 바라본 유럽 국가들과 유럽인들은 유럽의 평화와 안전을 위해서는 갈등과 대립을 반복하는 동서독의 분단 상황보다는 안정되고 통합된 통일독일이 더 낫다고 생각하게 됐다. 유럽은 이러한 독일의 노력을 인정하고, 통일이 되어도 문제가 없겠다는 확신을 가졌다. 여기에는 빌리 브란트, 폰 바이체커, 겐셔, 헬무트 콜 등 독일의 탁월한 외교력을 가진 정치

지도자들의 역할이 컸다. 그렇게 해서 독일은 유럽의 지도적 나라로 다시 일어설 수 있었고, 유럽연합(EU)에서 주도적인 역할을 하게 됐다.

우리도 마찬가지다. 한반도의 통일이 주변 4대국에 도움이 되는 일이고, 동북아시아에 안정을 가져다주는 일이라는 것을 주변국이 느끼도록 해야 한다. 독일이 했던 것처럼 주변 4대국, 즉 미국, 중국, 일본, 러시아를 설득해야 한다. 그러기 위해서는 남과 북이 먼저 자주적으로 한반도 문제의 주인이 되어 분단과 통일의 문제를 풀어가야 한다. 독일이 했던 것처럼 상호 교류하고 협력해서 평화공존의 관계를 만들어가야 한다. 당사자들이 이런 노력을 기울이지 않는데 주변 국가들이 어떻게 도울 수 있겠는가? 이런 당사자들의 주체적인 노력이 없을 경우 오히려 분단을 이용해 이득을 취하려는 주변 세력들에게 이용만 당하게 된다는 것을 명심해야 한다.

이것이 김대중 대통령의 생각이다. 우리가 처한 지정학적인 위치를 생각하고 우리 모두가 외교에 관심을 갖고, 또 스스로 외교하는 국민이 되어야 한다는 것이다. 외교는 정부만이 하는 것이 아니다. '민간외교'의 힘이 크다. 우리가 어느 위치에 있든 한반도의 평화와 통일을 생각하며 주변 강국들의 국민과 대화하고 협력하는 자세가 필요하다.

동아시아 평화구상의 3대축

김대중 대통령은 앞에서 말한 '50년 후의 세계'에서도 언급했듯이 미래에는 세계정부가 들어설 것으로 보았다. 지금의 UN, 유럽연합(EU), 북미자유무역협정(NAFTA), 동아시아공동체(EAC, East Asia Community)

구상 등 세계적인 단위, 혹은 대륙별 국가연합이 발전하면, 세계정부도 꿈꿀 수 있다고 보았다. 그때 이미 세계는 국민국가 시대가 끝났고, 미래 국가는 세계정부로 발전하고 지금의 국가는 하나의 '사회조직', 사회서비스 기관으로 변화할 것으로 생각했다.

이런 미래 예측 속에서 김 대통령은 현실에 당면한 '동아시아 평화구상'을 실천했다. 김 대통령의 동아시아 평화비전은 세 축으로 구성돼 있다. 그것은 동아시아공동체(EAC) 건설, 한반도와 동북아 평화체제 구축, 중국의 안정적인 민주화이다.

첫째, 김대중 대통령은 동아시아 지역에서도 경제공동체로 시작하여 유럽연합(EU)과 같은 지역공동체로 발전해 나가야 한다고 주장했다. 이를 위해 1998년 대통령 재임 중 아세안+3 정상회의에서 동아시아공동체(EAC) 구상을 제안했다. 김 대통령은 동아시아는 EU, NAFTA와 더불어 세계경제의 3대축으로 성장했으며, 20억의 인구, 지식 존중의 교육전통, 종교 간의 평화적 공존 등 동아시아 지역이 가진 강점을 들며 동아시아공동체 건설을 제안했다. 김 대통령은 동남아시아와 동북아시아를 구분하는 것은 무의미한 일이라고 말했다. 함께 가야 한다는 것이다. 김 대통령은 퇴임 후 동아시아공동체 논의가 동아시아포럼(EAF)*, 동아시아정상회의(EAS)**로 발전하는 것을 보고 더욱 크게 희망을 가졌다. 그리고 장차 정

---

* 동아시아포럼(EAF)은 동아시아공동체 형성을 목표로 아세안+3(한중일) 국가들이 참여하는 산·관·학 협의체이다. 김대중 대통령은 퇴임 후인 2003년 12월 서울에서 개최된 창립대회와 2004년 말레이시아 쿠알라룸프르에서 개최된 2차 총회에 참석해 동아시아공동체 건설을 역설했다.

** 동아시아정상회의(EAS)는 동아시아공동체 형성을 목표로 아세안+3(한중일) 정상들이 참여하는 회의체로 2005년부터 매년 개최되고 있다.

치적 공동체로까지 나가는 과정에서 동아시아 국가들의 교류와 협력, 우호와 친선을 바탕으로 하는 동아시아인들의 결집이 필요하다고 말했다. 특히 무엇보다 동아시아 정치지도자들의 노력이 필요하다고 말했다.

김대중 대통령은 동아시아공동체를 건설하는 데 난관이 많다고 말했다. 오늘날의 유럽연합은 하루아침에 이루어진 것이 아니었다. 무려 30년의 세월이 걸렸다. 동아시아는 유럽보다 더 열악하고, 넘어야 할 산이 더 높다. 동북아와 동남아는 경제력 차이도 크다. 간혹 역사문제를 둘러싼 동아시아 국가 간의 긴장관계는 국내정치의 이해관계와 결합되면서 폐쇄적인 민족주의를 자극하기도 한다. 이것이야말로 김 대통령이 가장 경계했던 일이다.

둘째, 김대중 대통령의 '동아시아 평화구상'의 한 축은 한반도와 동북아 평화체제 구축이다. 김 대통령은 한반도 문제의 해결 방안으로 '햇볕정책'을 연구하고 재야와 야당 시절, 대통령 재임 중은 물론 퇴임 후 돌아가시기 전까지 온몸으로 '햇볕정책'을 실천했다. 김 대통령은 동북아 평화체제에 대한 열망을 가지고 있었다. 김 대통령은 1971년 대통령에 출마해서 '미·중·소·일 4대국 한반도 평화보장론'을 제창했다. 30여 년이 흐른 후 이 주장은 남북한이 참여하는 6자회담으로 발전했다. 김 대통령은 북한 핵문제 해결을 위해서 2005년 9월 19일 6자회담에서 합의한 9.19 공동성명으로 돌아가자고 주장했다. 9.19성명에는 6자회담을 동북아 평화안보체제로 발전시켜 나간다는 항목이 들어 있다. 김 대통령은 동북아 지역이 세계경제, 인구 등 여러 분야에서 1, 2위의 역할을 차지하고 있음에도 불구하고 안정적인 지역안보 협력체제를 갖지 못하고 있는 것은 부끄러운 일이라고 생각했다.

셋째, 김대중 대통령의 동아시아 평화비전의 세 번째 축은 어떻게 하면 중국이 혼란 없이 안정적으로 민주체제로 진행할 수 있는가 하는 문제였다. 중국이 지금 세계 경제와 정치에서 차지하는 역할과 비중을 볼 때 중국의 안정적인 민주화 이행이야말로 동아시아 지역은 물론 세계의 안보와 협력에 결정적이라고 생각했다.

김 대통령은 퇴임 후인 2007년 9월, 13일간 미국의 워싱턴과 뉴욕을 방문해 미국의 지도자들과 이 문제를 집중적으로 거론하고 토론했다. 김 대통령은 클린턴 전 대통령, 루빈 전 재무장관(당시 시티그룹 회장) 등을 만나 중국 문제에 대해 토론하면서, "중국은 미국과 일본의 동맹을 감당하기 어려운 정도의 압박으로 느끼면 군부에 구실을 주어 군사대국화로 갈 수 있고, 반대로 미일동맹이 견딜 만하다고 받아들이면 중국은 화평굴기(和平崛起), 즉 평화 속의 발전을 추구할 것이다"라고 말했다. 김 대통령은 중국 내에서 부패와 빈부격차의 원인을 놓고 벌어지고 있는 '신좌파'와 '신우파'의 논쟁을 소개하면서,* "미국은 중국이 민주화되는 방향으로 유

---

* 김대중 대통령은 2007년 9월 미국을 방문해 중국 내에서 일어나고 있는 신좌파와 신우파의 논쟁을 소개하면서 미국이 참고할 것을 권고했다. 김 대통령은 중국의 신좌파는 '지금의 부패와 빈부격차 문제는 무책임한 개혁 개방에 있고 이를 극복하기 위해서는 통제계획경제, 즉 마오쩌둥 시대로 돌아가야 한다'고 주장하는 반면, 신우파는 '부패와 빈부격차는 민주주의를 안 하기 때문에 감시와 비판도 안 되고 그래서 투명한 경제가 안 된다. 공산당 일당 독재를 수정하고 스웨덴식의 수정사회주의를 해야 한다'고 주장한다는 것이다. 그런데 신우파 정책에 대해 후진타오 주석이 호응하고 있으며, 이러한 동향을 미국은 주목할 필요가 있다고 말했다. 또한 중국에서는 시장경제 도입 후 급속도로 중산층이 늘어나고 있으며, 중국은 공산당 당헌을 고쳐서 당원으로 노동자, 농민만 참여할 수 있었던 것을 기업인, 지식인 등 중산층도 참여할 수 있도록 했다며 이러한 중산층의 압력이 중국 정부에 가해지고 있다고 설명했다.

도할 필요가 있다. 그렇게 되면 중국은 미국에 위협이 되지 않을 것"이라고 강조해 미국 지도자들의 공감을 얻었다.

'동아시아 평화구상'은 '김대중 테제'이다. '동아시아 평화구상'은 아직 완성되지 않았다. 한반도가 '사실상의 통일단계'*에 들어서고, 동아시아 공동체가 건설되고, 한반도와 동북아 평화체제가 구축되고, 중국이 안정 속에서 민주화의 방향으로 가는 날, '김대중 테제'인 '동아시아 평화구상'은 완성될 것이다.

김 대통령은 여기에 나타나는 도전들을 이겨내기 위해서는 정치지도자들의 비전과 노력이 가장 필요하다고 말했다. 국수주의적이고, 소아병적 태도야말로 우리가 경계해야 한다.

현대의 리더는 글로벌한 감각과 비전을 가져야 한다. 이것은 미래세계에 대한 예측뿐만 아니라, 지금 우리가 처한 현실의 문제를 해결하는 거대하고 담대한 구상이 있을 때 나온다. 국민과 역사를 믿는다는 것은 국민과 역사가 우리를 선택하도록 방치하는 것이 아니다. 개척하고 도전하는 것이다. 이것을 선도하는 것은 리더의 몫이다. 여기에는 반드시 '세계인으로 사는 리더십'이 필요하다.

---

* 김대중의 '3단계 통일론'은 1단계 남북연합, 2단계 남북연방, 3단계 완전통일을 말하는데, 1단계 남북연합은 외교권이나 군사권을 각각이 보유하는 2국가 2체제 2독립정부 하에서 남북정상회의, 남북국회회의(남북연합회의), 남북장관급회의 등을 통해 남북간 협력과 교류를 추진하는 것을 말하며 이를 '사실상의 통일단계'라고 부른다.

부록 1

김대중 대통령과 유머의 리더십

"찰리 채플린이라는 희극배우가 있었는데 그 사람이 히틀러를 반대하고 전쟁을 반대한 사람입니다. 그 사람이 희극배우답게 말했어요. '전쟁은 전부 40대 이상의 사람만 가라. 나이 먹은 사람들이 자기들은 전쟁에 안 가니까 쉽게 결정해서 젊은 사람들을 죽게 만든다.'"

김대중 대통령과 유머의 리더십

　김대중 대통령은 지성을 갖춘 지도자다. 김대중 대통령은 학자, 종교인과 같은 지식인들의 친구로 살았다. 또한 대중들과도 부딪히며 살았다. 오히려 국민과의 대화를 즐겼다.

　김대중 대통령의 유머는 김 대통령의 지성, 품격을 더욱 빛나게 했다. 지식인들을 만나면 그에 맞는 유머를, 대중들 앞에서는 대중의 눈높이에 맞는 유머를, 청년학생들에게는 또 그 세대의 감각에 맞는 유머를 할 줄 아는 분이었다.

　유머는 대화를 활기 있게 하고, 긴장을 풀어주고, 서로를 친근하게 해준다. 이런 점에서 김 대통령은 대화의 기술로서 유머를 사용하고 즐길 줄 아는 지도자였다. 김 대통령의 유머는 깊은 지식과 다양한 인생 경험에서 그 소재가 나온다.

하나님 뜻대로 하라니……

김대중 대통령은 우스갯소리로 이희호 여사에게 서운한 것이 하나 있다고 자주 말하곤 했다. 1980년 사형선고를 받고 감옥에 있는데 이희호 여사가 면회를 와서 함께 기도하는데 "하느님! 하느님 뜻대로 하소서!"라고 기도하더라는 것이다. 김 대통령은 속으로 "왜 남편인 나를 살려달라고 기도하지 않고, 하느님 뜻대로 하라고 기도하나"며 무척 섭섭했다는 것이다.

이것은 물론 유머이지만, 그 당시 상황에서 누구나 공감할 수 있는 유머라 할 수 있다. 아무리 신앙심이 깊다 해도, 죽음을 맞을 준비를 했다 하여도, 살고 싶은 심정은 있는 것이다. 이 말은 이런 상황을 빗대 한 유머다. 김 대통령은 이렇게 자기가 체험한 환경에서 유머를 찾아 웃음과 공감을 함께 전달했다.

"전쟁은 40대 이상만 나가라"

2006년 10월 북한이 핵실험을 하고 국내에서는 '햇볕정책은 실패했다'며 햇볕정책을 비난하는 분위기가 고조됐을 때였다. 그때 서울대에서 김대중 대통령을 초청해 강연을 했다.* 강연이 끝나고 학생들의 질문에 답하면서 전쟁을 막아야 한다며 다음과 같은 비유를 들었다.

---

* 김대중, 서울대 통일연구소 초청강연, "북한핵과 햇볕정책", 2006.10.19.

"찰리 채플린이라는 희극배우가 있었는데 그 사람이 히틀러를 반대하고 전쟁을 반대한 사람입니다. 그 사람이 희극배우답게 말했어요. '전쟁은 전부 40대 이상의 사람만 가라. 나이 먹은 사람들이 자기들은 전쟁에 안 가니까 쉽게 결정해서 젊은 사람들을 죽게 만든다. 그러니까 나이 먹은 사람들이 전쟁에 나가서 죽든 살든지 해야 한다.'"

'전쟁은 40대 이상만 나가라'는 말에 젊은 학생들은 박수를 치며 환호했다. 김 대통령은 북한 핵실험 이후 일부 보수적인 인사들이 '전쟁불사' 주장을 거침없이 하는 것에 대해 찰리 채플린의 말을 인용해 일침을 가한 것이다. 아마도 그날 강연에 참석한 학생들에게 이 말은 결코 잊혀지지 않을 것이다. 이처럼 유머는 상황의 핵심을 전달하는 방식이기도 하고 더욱이 대화에 활기를 준다. 김 대통령의 이런 유머의 사례는 많다.

유머는 순발력에서 나온다. 그러나 유머는 풍부한 지식과 지성적 성찰을 바탕으로 할 때 대중이 공감하는 유머를 할 수 있다. 재치 있는 말로 한두 번 대중들을 웃길 수 있을지 모르지만, 오래 기억되는 유머를 전달하기는 힘들다.

"선배님들, 잘 봐주세요"

2006년 10월 북한 핵실험 이후 김 대통령은 전국의 대학교를 돌며 강연을 다녔다. 그때마다 강연장은 발 디딜 틈 없이 가득 찼고, 자리가 없는 학생들은 연단 위까지 올라와 김 대통령 코앞에서 쪼그리고 앉아 강연을 듣는 진풍경이 벌어졌다.

그해 가을, 김 대통령은 대학가에서 최고 인기 있는 강사였다. 김 대통령과 학생들은 나이로는 60년의 차이가 났지만, 대통령과 학생들은 대화에 공감했고, 2시간 가까운 강연시간이 금방 지나갔다. 이것은 오로지 젊은 학생들의 발랄함과 당당함, 그리고 김 대통령의 젊은 감각과 유머가 합작해서 만들어낸 것이었다.

학생들은 특히 질의응답 시간에 대통령을 지내고 노벨평화상까지 받은 분과 토론하고 대화하는 것을 좋아했다. 김 대통령도 준비한 강연문을 읽고 나서 진행되는 질의응답 시간을 기다렸다. 학생들은 으레 대통령의 유머와 비유에 폭소를 터뜨리며 박수를 치고 환호했다.

전남대에서는 강연에 앞서 명예박사학위를 받았는데, 사회를 보는 여학생이 "이제 전남대 선배가 됐으니 후배들을 잘 지도해 달라"고 말했다. 그러자 김 대통령은 "나는 오늘 명예박사학위를 받고 전남대와 처음 인연을 맺었으니 먼저 온 여러분이 선배지 내가 왜 선배냐? 선배님들이 후배인 나를 잘 봐달라"며 응수했다. 순간 청중들은 박장대소했다. 그리고 강연장은 질의응답 열기에 빠져 들었다.[*]

"내 나이는 20년을 빼야 한다"

김 대통령은 친근한 사람을 만나면 유머를 즐긴다. 세계 지도자들과도

---

[*] 김대중, 전남대 강연, "한반도의 현실과 4대국", 2006.10.11.

마음이 통하는 지도자들을 만나면 유머로 말을 풀어간다. 재임 중 중국의 장쩌민 국가주석을 만났을 때 장 주석은 "대통령께서는 젊어 보인다"고 덕담을 건넸다. 그러자 김 대통령이 이렇게 응수했다.

"저는 감옥살이, 연금, 망명생활을 20여 년 넘게 했습니다. 남들과 같이 나이를 먹는 것은 억울한 일입니다. 20년을 제 나이에서 빼야 합니다. 그래서 젊어 보이는 것입니다."

회의장은 웃음으로 가득 찼고, 참석한 사람들은 김 대통령의 생애를 다시 한 번 생각하게 되었다. 그리고 자신의 고난의 세월을 유머로 승화시켜 말하는 김 대통령의 모습에 모두 감동했다. 대화는 성공적으로 끝났다.

"내가 왜 전라도 사람이냐? 김 위원장이 전라도 사람이지."

김 대통령이 2000년 평양을 방문할 때 첫날은 매우 긴장했다. 상대방인 김정일 위원장은 다변가였다. 우스갯소리도 잘했다. 말 잘하기로 유명한 김 대통령은 평소답지 않게 말수가 적었다. 김 대통령은 평양에서 돌아와 상대방을 아직 잘 모르는 상황에서 말을 많이 할 수가 없었다고 첫날 상황을 설명하기도 했다.

그러나 10여 시간 회담도 하고, 밥도 같이 먹고 하면서 친근한 관계가 되자 김 대통령은 달라졌다. 남북공동선언을 합의하는데 김정일 위원장의 서울 답방 문제가 논란이 됐다. 김정일 위원장은 신변안전 문제 등을 생각해 서울을 방문한다는 문구를 넣기를 꺼려했다. 김 대통령은 김 위원장에게 "이보시오, 김 위원장. 70이 넘은 노인이 평양에 왔는데 젊은 김 위원장이 서울에 오지 않겠다는 것이 말이 되느냐?"고 따졌다. 당시 김 대통령의 나이는 76세였다.

이렇게 김 대통령이 김 위원장을 집요하게 설득하자 김 위원장이 "김 대통령은 전라도 사람이라서 그렇게 고집이 세냐?"고 말했다. 그러자 김 대통령은 "아니, 내가 왜 전라도 사람이냐? 나는 김해 김씨이고, 김 위원장은 전주 김씨니 김 위원장이 전라도 사람이 아니냐?"라고 말했다. 순간 긴장감이 팽팽하게 흐르던 회담장은 웃음이 터졌고, 결국 김 위원장은 서울 방문을 약속했다. 이렇게 유머는 일을 성사시킨다.

"나는 집주인에게 잘 보여야 한다"

김 대통령의 유머는 이희호 여사와의 생활에서도 유명하다. 주로 김 대통령이 농담을 하고, 여사님은 듣고 웃는 편이다. 아마도 두 분만이 생활하면서 무료함을 달래기 위한 것이기도 하겠지만, 두 분의 정과 사랑의 확인이기도 했을 것이다.

김대중 대통령이 살던 동교동 집은 이희호 여사 앞으로 등기가 돼 있다. 김 대통령은 "나는 집주인에게 잘 보여야 한다. 쫓겨나면 오갈 데가 없다"고 농담을 건넸다. 그러면 이희호 여사는 "내가 집주인이지만, 당신이 호주이지 않느냐. 호주님! 잘 봐주세요" 하고 농담을 하신다.

"감 팔아 원피스 사줄게요"

김대중 대통령 곁에서 평소 건강을 돌보는 간호부장이 있다. 20년이 넘게 김 대통령의 건강을 돌본 분이다. 김 대통령은 2009년 7월 13일에 병원에 입원해서 8월 18일 돌아가셨다. 37일 동안 병원에 계셨다. 김 대통령은 입원하기 2주 전쯤 간호부장을 불러 농담을 했다.

"간호부장, 우리 집 뒤 감나무에 감이 많이 열렸는데 가을이 되면 감을 따서 팔아 예쁜 원피스 하나 사줄게요."

동교동 사저 뒤뜰에는 감나무가 두 그루 있다. 감이 열리면 얼마나 열리겠는가? 또 누가 따서 그것을 내다 팔며, 돈은 얼마나 되겠는가? 다 웃으려고 하는 농담이다. 간호부장은 "대통령님, 꼭 원피스 사주세요"라고 했단다. 간호부장은 김 대통령이 세브란스 병원에 있는 동안 매일 간호하며 기도를 했다. 대통령께서 일어나 퇴원해서 원피스 사주겠다는 약속을 지키게 해달라고 기도했다. 원피스를 갖고 싶은 게 아니라 대통령의 건강을 찾게 해달라고 기도한 것이다. 그러나 결국 그 약속은 지켜지지 못했다.

부록 2

'대통령 수칙'으로 배우는 '김대중 리더십'

"위대한 인물은 위대한 상식인이며, 위대한 생각은 완전한 상식 위에서만 생성될 수 있다"

大統領守則

(사랑과 寬容) 모든 사람에게 사랑과 寬容으로 대하되 法과 規律은 嚴守케 하여야한다.

守 則

1. 사랑과 寬容, 그러나 法과 規律은 嚴守해야.
2. 人事政策이 成敗의 기본, 아첨하는자와 無能한자를 排除
3. 規則的인 生活, 適當한 運動, 充分한 休息으로 健康유지.
4. 懸案 把握 克服회, 國用情報 잘 알고있어야 한다
5. 大統領부터 國family 遵法의 模範보여야
6. 부정부패를 엄정해야. 다만 苟異하게도
7. 國民설득시키마 고치 믿어야. 理解안될때 說明方式 所管해야
8. 國會와 野黨을 다니 批判 傾聽, 그러나 改革의 始終은 흔들리지 말아야.
9. 貴民以外의 一般市民의 接觸 도와주는機會 가져야.
10. 言論과 報道를 重視하되 끄나들리지 말아야 한다.
11. 精神이 健康와 健全에 到達키의 努力을 기울여야
12. 良書를 每日하리 읽읍으로 老化를 防止, 言語 풍부化 하다
13. 자손 世代에 對한 사랑을 윗두에 두고, 나라의 12조의 未來 생각해야
14. 獨裁的인 思想, 感情의 衝動을 마음에 말아라
15. 나는 반드시한다. 하고야만다 할수있다

'대통령 수칙'으로 배우는 '김대중 리더십'

김대중 대통령은 1998년 대통령에 취임한 후 자신만의 노트를 쓰기 시작했다. 여기에는 국무회의 등 정부를 운영하면서 갖게 되는 각종 회의에서 해야 할 이야기 요지를 직접 적었다. 그리고 주요 내외신 회견을 앞두고도 할 말을 먼저 적었다. 퇴임할 때 이 노트가 무려 27권이나 됐다. 언론들은 이를 '국정노트'라 불렀다.

'국정노트' 제1권 1998년 7월 1일자 기록에는 '대통령 수칙'이 있다. 이 수칙은 김대중 대통령이 나라를 다스리고 정부를 운영하는 원칙과 스스로에 대한 다짐들이 들어 있다.

대통령 수칙 1 "사랑과 관용, 그러나 법과 질서를 엄수해야"

김대중 대통령은 법치주의자였다. 대통령은 법의 최고 집행자다. 김 대통령은 법률이나 규정이 정한 바를 무시하고 통치하는 것은 잘못된 것임을 잘 알고 있었다. 대통령 스스로 법을 지켜야 한다고 했다. 정부 각료들과 청와대 비서진들은 항상 법률의 규정을 들어 대통령에게 의사를 개진

했다.

대표적인 경우가 노사문제에 대해서였다. 김 대통령은 IMF 외환위기를 벗어나기 위한 구조조정 과정에서 많은 노동자들이 직장을 잃는 현실을 안타까워했다. 각종 실업대책, 4대보험의 정비, 기초생활보장제 등 정책적 보완수단을 만들어가면서 근본적으로 경제를 회복하는 데 힘썼다. 그리고 노동자들에게 노동조합의 권리를 모두 보장해주었다. 10여 년 동안 법외단체로 있던 민주노총과 전교조를 합법화시켰다.

대신 김대중 대통령이 강조한 것이 있다. 법률의 테두리 안에서 노동운동을 해달라는 것이었다. 경찰에게는 최루탄을 쏘지 않도록 하고, 노동자들은 돌멩이나 화염병을 던지지 말라고 했다. 법으로 자유를 보장한 만큼 법을 지켜야 한다는 것이었다. 그때 세운 원칙이 '합법보장 불법필벌'의 원칙이었다.

그러나 김 대통령에게는 사랑과 관용이라는 또 하나의 원칙이 있었다. 김 대통령은 동양사회의 '덕치'를 실현하고자 했다. 덕치는 사랑과 관용의 정치이다. 사형집행을 중단한 일, 최대의 정적인 박정희 대통령의 기념사업을 지원한 일, 자신을 죽이려 한 전두환·노태우 두 대통령을 사면 복권시킨 일들이 대표적인 경우다.

리더는 법과 원칙, 규정을 스스로 잘 지켜야 한다. 리더가 자신의 권위와 자리를 이용해 법과 규정에 어긋나게 관용을 베푸는 것은 온정주의, 정실주의로 흐르고, 거기에는 편법이 동원된다. 법은 불편부당해야 한다.

그러나 법의 집행, 규정의 준수에는 사랑과 관용의 정신이 함께 있어야 한다. 법을 어기고 처벌을 받는 사람의 심정까지도 이해하고, 그 사람 마음속에도 개과천선할 수 있는 착한 마음이 자라고 있다는 것을 이해해야 한다.

대통령 수칙 2 "인사정책이 성공의 길. 아첨한 자와 무능한 자를 배제"

우리가 하늘의 태양을 맨눈으로 바라보다 다른 곳을 쳐다보면 순간 앞이 안 보인다. 태양의 일식을 관찰할 때는 맨눈으로 보면 실명할 수도 있다. 그래서 특수 필터나 빛을 차단할 필름 같은 것이 필요하다. 최고 권력자를 보좌하려고 하는 사람들에게 이런 필터나 필름이 필요하다.

대통령중심제 국가에서 대통령은 국가의 모든 권한을 독점하고 있다고 할 수 있다. 대통령의 권한은 막강하다. 최고 권력자다. 최고 권력자를 보좌하면서 권력자의 얼굴만 바라보면 그 권위와 권력에 압도돼 입은 굳어버리고 눈은 멀 수가 있다. 그러면 국민의 시선과 다양한 입장들을 외면하게 되거나 놓치게 된다. 또 대통령의 모습을 객관적으로 보지 못하게 된다. 필름을 통해 태양을 보면 테두리가 선명하게 보이지만 맨눈으로 보면 흐릿해 보이는 것과 마찬가지다.

여기에서 아첨이 나온다. 대통령 앞에서 미사여구를 나열해 용비어천가를 부른다. 객관적인 정세와 정확한 여론을 전달하지 못하고 대통령 귀에 듣기 좋은 말만 하게 된다. 리더는 모름지기 자기 얼굴만 바라보는 사람을 경계해야 한다. 리더가 바라보는 것을 보지 않고, 리더의 얼굴만 바라보는 사람은 아첨하는 사람이다.

아첨하는 사람도 불행한 사람이고, 그것을 사실인양 듣는 리더에게도 결국은 불행한 일이다. 왜냐하면 아첨을 통해 사실이 아닌 이야기를 전달

받게 되고, 그것이 리더의 정책 수행에 영향을 미치기 때문이다.

물론 대통령을 포함해 리더들은 자기가 어떻게 평가받고 사람들이 자기에 대해 어떻게 이야기하는지를 매우 듣고 싶어 한다. 특히 좋은 평가를 원하고, 좋은 말들을 하고 있다는 것을 듣기를 원한다. 나쁜 말, 나쁜 평가에 대해서는 인상을 찌푸리게 된다. 그래서 리더에게도 칭찬과 좋은 말이 필요하다. 잘한 것은 잘했다고 평가해주고 말해주어야 한다. 리더의 사기를 위해서도 절대로 필요한 일이다.

김대중 대통령은 대통령에 당선되어 자신의 인사원칙을 이렇게 설명했다.

"공이 있는 사람에게는 상을 주고, 능력이 있는 사람에게는 자리를 준다."

김 대통령은 대통령에 네 번 출마해 세 번 떨어지고 네 번째에 당선됐다. 그동안 많은 사람들이 혹은 계보와 집단을 이루어, 혹은 개별적인 관계로 김 대통령의 정치활동과 정책활동을 도왔다. 1997년 대통령에 당선되고 김 대통령이 집권에 성공하면서 과거 김 대통령을 도운 분들은 이제 김 대통령이 당선돼 여야간 첫 수평적 정권교체를 이뤘으니 여한이 없다고 생각했다. 그러나 또 많은 사람들은 정부나 공기업 등에 자리를 잡고 일을 하고 싶어 했다. 이때 김 대통령은 "공이 있는 사람은 상을 주고, 능력 있는 사람은 자리를 준다"는 말을 했다.

김 대통령과 사선을 함께 넘으며 반독재 민주화 투쟁을 한 김 대통령의 동지들은 이 말을 받아들였다. 이제 재야의 민주투사나 야당의 지도자가 아니라 국가의 수반인 대통령의 자리에 올랐으니만큼 나라를 이끌어갈 인재와 전문가들을 영입해 성공한 대통령이 되어주길 원했다.

실제 1997년 선거 캠페인 때 김 대통령과 동고동락을 했던 이른바 '동교동계' 인사들은 '정권을 잡는다 해도 임명직은 나가지 않겠다'고 선언하는 아름다운 모습을 보여주었다. 이들도 사람인 이상 정부에 채용되는 많은 관료와 전문가들을 보고 마음속에는 "우리가 김 대통령과 함께 죽을 고비를 넘기고 감옥 가고 고문당할 때 너희들은 무엇하고 있었느냐?"는 원망이 있었다. 그러나 이들은 김 대통령의 성공을 위해 살신성인의 자세를 보여주었다. 한편으론 그때의 정권교체는 이른바 'DJP 연합'에 의한 연립정부였고, 경제, 산업 등 주요한 장관 자리나 공기업들은 당시 김종필 총리가 이끄는 자유민주연합의 차지가 됐다. 그래서 배분할 자리가 많지 않기도 했다.

정권을 잡은 정파가 중요한 자리를 차지하는 것은 책임정치의 입장에서 당연한 일이다. 그러나 나라의 공적 자리를 전리품처럼 나눠 갖는 일은 생각해볼 일이다. 공이 있다고 해서 능력을 따져보지 않고 자리를 주는 것은 잘못이다. 공이 있더라도 그 자리에 맞는 능력과 소양을 갖추고 있어야 하는 것이다.

대통령 수칙 3 "규칙적인 생활, 적당한 운동, 충분한 휴식으로 건강 유지"

이 수칙은 김 대통령 스스로에게 한 말이다. 김 대통령은 취임 당시의 나이가 74세의 고령이었다. 1997년 대선 때 당시 여당은 김대중 후보가 과연 그 나이에 대통령직을 수행하겠느냐고 공격했다.

김 대통령은 누구보다도 자신의 건강과 나이를 잘 알고 있었다. 임기 마지막 해인 2002년에는 여러 차례 병원 신세를 졌다. 그러나 대통령이 병석에 눕고 건강을 잃으면 통치권은 급격히 약화된다. 이것은 가정이나, 사회조직이나, 기업에서도 마찬가지다. 리더가 건강을 잃으면 조직은 활력이 떨어지고, 심지어 분란이 일어나기도 한다.

김 대통령은 대통령 재임 중에 '수칙'대로 충분한 휴식을 취하지 못했다. 기껏해야 청와대 녹지원을 산책하거나, 수영장에서 가벼운 운동을 하고, 이희호 여사와 함께 남산길이나 북악 스카이웨이 등을 드라이브했다. 그리고 대통령 휴양소인 청남대나 시내 호텔에서 휴식을 취했다. 말이 휴식이지만 환경을 달리해 새로운 구상을 하는 일이 많았다. 그리고 옆에는 항상 읽어야 할 보고서류나 책들이 쌓여 있었다.

그러나 김 대통령은 규칙적인 생활을 했다. 아침에 일어나고 저녁에 자는 시간들이 규칙적이었고, 잠깐의 낮잠을 즐기기도 했다. 식사는 항상 즐겁게 하고자 했다.

김대중 대통령의 건강을 지킨 것은 김 대통령의 '낙천주의적' 사고라 할 수 있다. 김 대통령은 일을 집중적으로 했다. 중요한 결단을 앞두고는 밤잠을 자지 않으면서까지 몰두하곤 했다. 그리고 결론을 내렸다. 그다음부터는 그것의 진행을 지켜보며 다음 일을 구상했다. 김 대통령은 꼼꼼하게 일을 챙겼지만, 결단을 내리면 그대로 밀고 나갔다. 그 결단이 가져올 수많은 파장을 검토했지만, 그것에 연연하거나 걱정하지는 않았다.

건강은 생활습관에서 나온다. '규칙적인 생활, 적당한 운동, 충분한 휴식'이 건강의 비결이다.

대통령 수칙 4 "현안 파악 충분히, 관련 정보 숙지해야"

청와대에는 의전비서관이라는 직책이 있다. 대통령의 일정을 잡고, 의전을 담당하는 사람이다. 대통령을 수시로 만나 대통령의 일정을 결정하는 아주 중요한 자리이다. 김대중 대통령은 외교부의 전문관리들을 이 자리에 등용했다. 오랜 공직생활을 하면서 여러 대통령을 모시다가 김 대통령의 의전비서관이 된 한 분이 이런 말을 했다.

"김대중 대통령을 모셨던 비서관들은 행복하다. 비서관들이 올린 그 수많은 보고서들을 대통령이 모두 읽었다. 그냥 버린 경우는 없었다. 과거 대통령들은 그렇게 하지 못했다."

대통령에게는 한 가지 사안에 대해서도 여러 관련 부처에서 각종 보고서들이 올라온다. 언론과의 인터뷰를 할 때도 해당 관련 정부부처, 복수의 해당 비서관실, 국정원, 각종 연구기관, 주요 여론 주도층의 청문자료들이 올라온다. 김대중 대통령의 경우에는 이런 모든 자료를 보고 언론 인터뷰에 나온다. 김 대통령이 평소 읽는 양은 어마어마할 정도다.

앞에서 말한 김 대통령의 '국정노트'에는 정부부처나 비서실에서 올라온 보고서류들이 그대로 붙어 있는 경우가 있다. 각종 통계자료와 현안에 대한 정부대책들이 적혀 있는 보고서들이 그대로 붙어 있다. 이를 수시로 보면서 반복해서 숙지하는 것이다.

현안 파악과 관련 정보를 숙지하는 것은 리더의 기본 책무다. 준비하지 않은 채 무대에 오르면 안 된다. 항상 시간이 문제인데, 평소에 준비하지 않고 현안 파악을 게을리 하고 관련 정보를 숙지하지 않으면 엉뚱한 말을 하게 된다. 대충 감으로 말하다 보면 실수를 하게 된다. 그러면 신뢰를 잃게 된다.

대통령 수칙 5 "대통령부터 국법 엄수의 모범 보여야"

많은 사람들이 대통령은 마음만 먹으면 무엇이든 다 할 수 있는 무소불위의 권력을 가진 사람이라고 생각한다. 그러나 대통령도 법의 테두리 내에서 권력을 행사하는 자리다. 헌법과 각종 법률에 명시된 대통령의 권한과 책무가 있다. 오히려 자질구레한 책무가 많다. 인사, 예산, 정치, 외교, 국방 등 통치권 차원의 일들만이 아니라 서류의 결재, 행정처리, 의례적인 면담과 접견 등 이루 말할 수 없이 많다.

대통령의 서명이나 사인은 엄중한 것이다. 법이 정해 놓았기 때문이고, 그것이 권한의 행사이기 때문이다. 더욱 중요한 것은 그 행위가 수많은 이해 당사자들에게 영향을 주기 때문이다.

김대중 대통령은 대통령직 수행을 하면서 간혹 자신은 크게 중요하게 생각하지 않고 무심코 한 말도 '대통령 지시사항'이 되고, 부처로 이관돼 실행되는 경우를 보았다고 말한 적이 있다. '대통령 지시사항'은 정부에서 별도로 관리한다. 그런 것을 보고 더욱 말을 신중하게 해야겠다는 생각을 했다고 한다.

　리더는 스스로 법과 규정에 익숙해져야 한다. 주위에 법률가나 조직의 규정을 잘 아는 사람을 두어 자신의 언행이 법과 규정에 어긋나지는 않는지, 설령 법과 규정에 어긋나지는 않더라도 국민의 법감정에 어긋나지는 않는지 자문하도록 할 필요가 있다. 법보다 더 무서운 게 국민의 정서다.

대통령 수칙 6 "불행한 일도 감수해야, 다만 최선 다하도록"

　리더는 불행한 일도 감수할 줄 아는 용기가 있어야 한다. 일에는 자신이 아무리 최선을 다하고, 성의를 다해도 엉뚱한 결과가 나오는 경우가 있다. 사람들은 리더의 의도보다는 그 결과만을 보고 리더를 탓하고 원망한다. 최선을 다했지만 한번 돌아서버린 민심은 돌아올 줄 모른다. 돌아선 민심을 향해 대들며 "내 진짜 의도는 이것이었다"고 해도 사람들은 믿지 않는다. 이것은 분명 리더에게는 불행한 일이다. 그러나 감수해야 한다. 차라리 불행한 일을 감수하고 만회할 다른 이슈를 찾아가는 것이 현명할 때가 있다.

　김 대통령에게 재임 중 가장 불행한 일은 아마도 두 분 아들의 구속일 것이다. 그렇게 본인에게 신신당부하고 주위에 잘 살펴볼 것을 지시했지만, 권력의 불나방들은 두 아들을 가만두지 않았다. 검찰도 대통령 아들이란 이유로 더 가혹하게 조사하고 처벌했다. 김 대통령에게도 억울한 점이 많았다. 그러나 감수해야 했다. 평생을 깨끗하게 살고자 했고, 대통령이 되어서는 친인척 비리 같은 없을 것이라고 국민에게 다짐했던 김대중 대통령과 이희호 여사의 심정은 어떠했겠는가?

이희호 여사는 자서전 『동행』에서 "부끄러워 국민들 앞에 고개를 들 수 없었다. 잠을 못 이루고 아무것도 먹지 못하는 남편을 보면서 나는 죄인이라고 가슴을 쳤다"고 당시의 상황을 적고 있다.*

김 대통령은 국민 앞에 솔직히 사죄했다. 당시 2002년 한일 월드컵이 열리고 있을 때였다. 주최국의 대통령으로서 월드컵을 국민과 함께 기뻐하고 축하해야 했지만 김 대통령의 마음은 그러지 못했을 것이다. 그러나 김 대통령은 한국팀이 출전하는 주요 경기를 찾아 관람하고 국민과 함께 했다. 그리고 임기 마지막 해 국정과제를 정하고 진두지휘하며 최선을 다해 아픈 몸을 이끌고 국정을 마무리했다.

누구에게나 불행은 있다. 자신에게 없다 하더라도 가족 중의 한 사람 정도는 불행한 일은 겪는다. 가족의 불행은 자신의 불행이기도 하다. 문제는 불행을 감수하고 최선을 다하느냐, 아니면, 불행에 좌절하고 포기하느냐이다.

대통령 수칙 7 "국민의 애국심과 양심 믿어야,
                 이해 안 될 때 설명 방식 재고해야"

본문에서 말한 '국민과 역사를 믿는 리더십'에서 설명한 내용이다. 여기에서 중요한 것은 국민들이 이해하지 못하면 설명 방식을 바꿔보라는 것이다. 국민이 이해하지 못한다고 해서 국민을 탓하지 말고 자신의 설명 방

---

* 이희호, 『동행 — 고난과 영광의 회전무대』, 374쪽, 웅진지식하우스, 2008.

법이 옳았는지, 아니면 국민들이 이해하기에 어렵지는 않았는지를 따져 보고, 다시 표현 방법을 찾으라는 것이다. 김대중 대통령은 국민의 애국심과 양심을 믿었다. 그러나 혹시 준비가 안 된, 서툰 자신의 설명 때문에 국민들이 오해를 하거나 제대로 이해하지 못하는 것은 아닌지를 항상 생각했다.

우리는 같은 사안에 대해서도 어떤 사람의 설명은 이해가 쉽고 명쾌한데, 다른 사람의 설명은 혼란스럽고 이해하기 힘든 경우를 본다. 리더는 자신의 설명이 어렵지는 않은지, 오히려 혼란을 주고 있지는 않은지 항상 생각해야 한다.

김 대통령은 청와대에서 연설문을 고치는 데 많은 시간을 보냈다. 중요한 연설문은 직접 썼으며 비서실에서 올린 연설문 초안도 수정에 수정을 거듭했다. 그러다보면 완전히 새로운 연설문이 됐다. 연설 내용의 보완과 수정을 멈추지 않았다. 그리고 어떻게 하면 국민들이 쉽게 분명하게 이해할 수 있는지 표현 방법을 찾는 데 많은 시간을 보냈다. 대화와 연설에는 국민들에게 익숙한 속담, 우화, 비유, 인용들을 많이 사용했다.

대통령 수칙 8 "국회와 야당의 비판 경청,
그러나 정부 짓밟는 것 용납 말아야"

입법부인 국회는 행정부와 함께 국정을 움직이는 두 축이다. 여기에 사법부를 합쳐 삼권분립의 제도가 완성된다. 특히 국회와 행정부는 떼려야 뗄 수 없는 관계에 있다. 국회는 국정감사, 예산심의, 인사청문회 등 국민을 대표하여 정부의 일을 견제하는 역할을 한다. 정부는 여기에 대해 성실히 보고하고 답변해야 한다.

김대중 대통령은 의회주의자로서 국회를 존중했다. 김 대통령은 정부 각료들에게 "국회에서 답변 잘하는 장관이 훌륭한 장관이다"라고 말했다. 그리고 국회에 보고하고 의원들의 질문에 답변할 때는 국민에게 보고하고 국민의 질문에 답변한다고 생각하고 국회에 나가라고 말했다.

그러나 김 대통령은 국무위원들이 국회에서 당당하게 말해야 한다고도 했다. 의원들 앞에서 정부 정책을 당당히 설명하고, "맞는 것은 맞다. 틀린 것은 아니다"라고 말해야 한다고 했다.

국회의 주인공은 야당이다. 국회가 정부를 견제하는 곳이지만 여당의원들은 방패 역할을 하고, 야당의원들은 창의 역할을 하는 곳이 국회다. 김 대통령은 국회의원을 여러 차례 했지만 모두 야당생활을 했다. 그래서 야당을 잘 아는 대통령이었다. 야당의 주장을 경청하고, 합리적인 부분을 반영하고 수용하는 것이 정부의 역할이라고 생각했다.

그러나 잘못된 자료, 근거 없는 흑색선전, 정략에 의한 국정 방해 같은 것에 대해서는 여당과 정부가 갖고 있는 모든 권한을 이용해서 반박하도록 했다. 특히 김 대통령은 국회에서 설명할 기회가 없으면 장관들이 언론에 글을 쓰거나, 직접 방송에 나가고, 혹은 현장에 가서 국민들에게 직접 설명하도록 했다. 국민들에게 잘못된 정보가 알려지는 것은 국민을 위해서도, 나라를 위해서도 불행한 일을 가져온다고 생각했다.

그러나 결국 김 대통령이 추구한 것은 국회 내에서 타협과 협상이었다. 법률안과 예산안 등에서 정부안과 야당안을 비교하고 검토해 국민의 뜻에 맞게 때론 양보도 하면서 협상하기를 원했다. 김대중 대통령은 국회 내의 정치에 대해 '타협과 협상'의 리더십을 강조했다.

대통령 수칙 9 "청와대 이외의 일반시민과 접촉에 힘써야"

김대중 대통령은 현장을 강조했다. 스스로 수많은 현장을 찾아가 국민의 이야기를 직접 듣고자 했다. 현장정치는 쇼맨십이 아니다. 현장에 국민이 있고, 문제가 있고, 해법 또한 있다.

김 대통령은 아무리 바빠도 현장을 자주 찾았다. 그리고 청와대에서 국민들을 초청해 오찬을 하거나 만찬을 하는 것을 즐겼다. 이런 자리에서는 꼭 참석자들 중에 몇 사람을 지정해 발언하도록 했다. 일방적으로 대통령 말만 듣고 가는 경우는 없었다. 김 대통령은 청와대 집무실에서 국정이 이루어지지만, 현장과 교차해서 검증하지 않으면 힘을 잃는다고 생각했다.

그리고 국민들은 대통령의 현장정치를 좋아한다. 자기가 사는 곳에 와주고, 문제가 있는 곳에 와서 이야기를 들어주고, 국민들의 손목을 잡아주는 대통령을 좋아한다. 리더의 스킨십은 사람들을 즐겁게 한다.

김 대통령은 재임 중 인터넷 댓글이나 이메일을 보는 것을 좋아했다. 비서실은 맞춤법도 제대로 갖추지 못한 댓글을 가감 없이 올리곤 했다. 김 대통령은 국민의 소리를 국회나 언론, 정부나 비서실을 통하지 않고 직접 듣기를 원했다.

경기도의 한 교사가 학교 교실에 컴퓨터와 인터넷이 보급돼 학교환경이 좋아졌다고 청와대 홈페이지 게시판에 글을 올리자, 스승의 날에 그 학교를 가서 보고 싶다고 했다. 어느 중소기업 사장이 대통령은 담보 없이도 신용대출이 된다고 말했지만 실제 은행에서는 그렇지 않다는 하소연을 이메일로 보내자, 금융비서관에게 어떻게 된 건지 알아보도록 지시한 일도 있다.

리더는 현장의 소리를 들어야 한다. 현장의 소리를 듣는다는 것은 현장의 문제를 파악하는 일도 되지만, 현장의 사기를 높이고 활력을 주는 일이다.

대통령 수칙 10 "언론 보도 중시하되,
부당한 비판 앞에 소신 바꾸지 말아야"

김 대통령에게 언론은 가혹한 비판자였다. 특히 군사독재 시절, 일부 언론은 김 대통령을 사상적으로 매우 위험한 인물이고, '욕심'과 '거짓말'로 가득 찬 인물로 노골적으로 묘사하거나 은연중에 퍼뜨렸다. 군사정부는 '김대중'이라는 이름 석 자를 쓰지 못하게 할 때도 있었다. 언론들은 당국의 보도검열을 피하기 위해 'DJ', '재야인사', '동교동'으로 표현하기도 했다.

김 대통령은 언론보도를 중시했다. 김 대통령은 정치를 하는 사람은 신문을 잘 읽어야 한다고 항상 강조했다. 김 대통령은 "신문에 문제가 있고, 답이 있다"고 말했다. 신문 읽기도 구체적으로 말했다. 어떤 한 신문을 정해 처음부터 끝까지, 정치면에서 사회면, 국제면, 사설과 칼럼, 심지어 광고까지 다 읽는 버릇을 기르라고 했다. 그리고 다른 신문도 참고하라는 것이다. 특히 정치를 하는 사람은 전문적 지식도 필요하지만, 모든 사안에 대해 기초적인 지식과 관점을 가져야 한다며, 그러기 위해서는 신문처럼 좋은 게 없다고 강조했다.

    김 대통령은 야당 때나 대통령 재임 중일 때도 사실과 다른 보도, 혹은 잘못된 비판에 대해서는 반드시 기자를 만나 설명하거나 잘못을 바로잡아 주도록 요청하라고 했다. 부당한 지적이나 비판 앞에 무릎을 꿇지 않았으며, 시정을 요구했다. 그러나 국민들이 봐도 말도 안 되는 주장을 하거나 상식 밖의 주장에 대해서는 일체 대응을 하지 않도록 했다. 사실이 명확하기 때문에 긁어 부스럼을 만들고, 상대방의 도발에 말려들 필요가 없다고 생각했기 때문이다. 대표적인 경우가 김영삼 대통령의 독설과 비난에 대해서 대꾸를 하지 않은 것이다. 이미 국민들은 다 판단하고 있다고 생각했기 때문이다.

    김 대통령은 재임 중 언론사 세무조사를 단행했다. 그 이전 정부에서는 조사를 해놓고 처벌을 하지 않는, 정권과 언론 간에 정치적 타협의 선례가 있었다. 김 대통령도 고민했다. 언론들의 보복이 예상됐기 때문이다. 그러나 김 대통령은 적당히 타협했을 경우 시간이 흐른 뒤 후회할 것이라고 생각했다. 그리고 자신이 그렇게 살아오지 않았다고 생각했다. 그래서 언론사 세무조사를 단행했다. 거대 언론 사주들이 구속되는 초유의 일이 벌어졌다. 예상했던 대로 언론은 대대적으로 보도를 통해 보복을 했다. 김 대통령은 후회하지 않았다.

    김 대통령은 오히려 언론인들의 친구가 되고자 했다. 김 대통령이 재임 중이나 퇴임 후 가장 좋아하는 보고서 중의 하나가 언론인들이 들려준 '청문보고서'다. 비서실은 특정 사안에 대해 해당 언론인들이 어떻게 생각하는지를 묻고 대통령에게 보고했다. 김 대통령은 언론인들이 가장 직접적으로 문제를 관찰하고 있고, 현실을 잘 파악하고, 민심을 잘 알고 있다고 생각했다. 김 대통령은 언론을 정치의 동반자, 국정의 동반자로 생각했다.

2003년 대통령직을 퇴임할 때 청와대 출입기자들이 '청춘회'('청와대 춘추관'에서 앞 글자를 따온 이름)라는 모임을 만들고, 퇴임 후에도 1년에 한두 차례 함께 식사를 하며 대화 나누기를 즐겼다. 언론인들과 퇴임한 대통령이 이런 관계를 유지하는 것은 우리 언론사에 처음 있는 일이었다.

리더와 언론의 관계는 매우 중요하다. 리더의 생각을 국민에게 전하는 것은 언론이다. 언론을 통해서 국민과 대화하고 소통하게 된다. 리더는 언론과 자주 만나 대화해야 한다. 언론을 기피하는 리더는 큰 지도자가 될 수 없다. 그러기 위해서는 언론을 진심으로 대해야 하고, 컨텐츠가 있어야 한다. 정책, 정치상황 등 현안에 대해 토론하는 관계가 되어야 한다.

언론은 비판자이면서도 동반자다. 언론에 비판의 기능이 없다면 언론이 아니다. 리더는 언론의 비판을 경청할 줄 알아야 한다. 그러나 언론의 비판이 두려워 부당한 비판 앞에 무릎을 꿇거나 자신의 원칙과 소신을 바꾸는 리더는 용기 있는 리더라 할 수 없다.

대통령 수칙 11 "정신적 건강과 건전한 판단력 견지해야"

훌륭한 리더는 상식에 충실한 사람이다. 상식이란 사람들이 보통 알고 있거나 알아야 하는 지식을 뜻하기도 하지만, 일반적 견문과 함께 이해력, 판단력, 사리 분별력을 갖는 것이 포함된다. 리더가 상식에 맞는 일을 할 때 사람들은 그를 따르고, 상식에 맞지 않는 일을 할 때 멀어진다.

상식은 정신적인 건강과 건전한 판단력에서 나온다. 정신적으로 건강할 때 사물에 대한 이해가 깊어지고 사리를 분별해 판단할 수 있다. 정신적으로 불안하고 불안정하면 판단이 흐려지고 잘못된 판단을 내릴 수 있다. 김대통령은 "위대한 인물은 위대한 상식인이며, 위대한 생각은 완전한 상식 위에서만 생성될 수 있다"*고 말했다.

리더에게는 일반사람과 다르게 스스로 지켜야 할 규율들이 많다. 리더는 익명 속에 숨을 수 없는 사람이다. 리더는 막중한 업무와 시간과의 싸움, 언론, 국민, 조직원들의 시선 앞에서 엄청난 스트레스가 쌓인다. 이것은 속박이고 구속이다. 자기의 의도와 다른 주위의 평가나 비판의 경우에는 분노의 감정도 터져 나오게 된다. 여기에서 평상심을 유지하는 것은 결코 쉬운 일이 아니다. 평상심을 잃는 순간 이해력, 분별력, 판단력이 함께 떨어진다.

과거 통치자들은 스트레스를 풀기 위해 별도의 장치를 두기도 했다고 한다. 사회의 원로들을 초청해 자신이 하고 싶은 말, 즉 최고 통치자로서의 고민, 사생활, 주위 사람들에 대한 원망 등을 모두 토로하면서, 원로들의 조언을 들었다고 한다. 스트레스를 풀기 위한 것이었다.

현대의 리더들은 스트레스를 풀기 위해 골프, 조깅, 등산, 여행, 휴가 등의 시간을 갖는다. 리더는 자기만의 스트레스를 푸는 방법이 필요하고, 시간이 필요하다. 업무 시간과 스트레스를 푸는 시간을 병행해야 한다.

---

* 김대중, 『옥중서신 1』 226쪽, 1981년 6월 23일자 편지, 시대의 창, 2009.

김 대통령도 그런 시간을 많이 가졌다. 때가 되면 업무환경을 바꾸어 청남대나 시내 호텔에서 휴가를 보냈다. 천주교 의식인 미사와 기도도 게을리 하지 않았다. 이희호 여사와 청와대 녹지원을 거닐며 꽃과 나무를 감상하고, 북악산과 남산 길을 드라이브하며 시간을 보내기도 했다. 가족들과의 식사나 대화모임을 통해 유쾌한 충전의 시간을 가졌다. 모두가 건강한 정신과 건전한 판단력을 유지하기 위한 것이었다.

대통령 수칙 12 "양서를 매일 읽고 명상으로 사상과 정책 심화해야"

김 대통령은 책에서 길을 찾았다. 김 대통령 주변에는 항상 책이 있었다. 집무실에도, 서재에도, 침실에도 책이 있었다. 그리고 매일 시간 나는 대로 읽었다. 재임 중 업무가 바쁠 때는 비서실에서 작성한 책 내용을 요약 정리한 보고서를 읽기도 했다.

김 대통령의 독서 기법에서 배울 점은 책을 항상 가까이 두고 매일 읽는다는 것이다. 10분이라도, 한 페이지라도 꾸준히 읽는 것이 중요하다. 꾸준히 읽는 사람에게 당할 자가 없다. 그리고 김 대통령은 읽을 책을 정하면 완전히 그 내용을 파악하고 자신의 말로 표현할 수 있을 때까지 계속 읽었다. 어떤 책을 모두 읽는 데 몇 개월이 걸리는 책도 있었다.

리더는 출판 동향과 독자들의 독서 경향을 파악하는 일에도 관심을 가져야 한다. 그것을 통해 지금의 사회와 문화 트렌드를 알고, 국민들의 관심이 어디에 있는지를 알 수 있다.

김 대통령은 독서와 함께 명상, 사색을 자신의 생각과 정책을 심화하는 중요한 수단으로 삼았다. 명상은 그야말로 눈을 감고 조용히 자신의 생각을 정리해보는 것이다. 명상은 자신이 독서와 대화를 통해 얻은 지식을 정리하는 시간이다. 기존의 생각과 새로 얻은 생각들을 비교 종합하는 일이다.

그런데 명상에 익숙해지기 위해서는 훈련이 필요하다. 해보는 것이 필요하다. 잠자리에 들기 전, 혹은 업무 중에도 시간을 정해 혼자서 눈을 감고 생각을 해보는 것이다. 김 대통령은 잠자리에 들기 전 1시간 정도 명상의 시간을 가졌다. 하나의 일에 대해서도 세 번 생각했다.

명상은 김 대통령이 독서와 경험으로 얻은 지식과 정보를 자기 것으로 만드는 과정이었다. 명상의 세계에서 정책은 깊어지고, 사상은 심화되었다. 아무리 많은 지식과 정보를 얻는다 해도 자신의 정책으로, 자신의 사상으로 굳어지지 않으면, 즉 체화하지 않으면 그 지식과 정보는 오래가지 못한다. 지식과 정보를 자기 것으로 만드는 수단이 바로 명상이다.

대통령 수칙 13 "21세기에 대비를. 나라와 국민의 미래 명심해야"

리더는 비전을 제시하는 사람이다. 국민의 미래를 책임지는 사람이다. 이를 위해서는 우리 사회가 지금 어디에 와 있고 어디로 가는지를 명확히 파악하고 국민들에게 말해주어야 한다. 당장의 문제를 해결하는 것도 중요하지만, 장래를 대비하지 않고, 미래의 청사진을 그려보지 않는 리더는 오래갈 수 없다. 리더에게는 망원경이 필요하다.

김 대통령은 항상 나라와 세계가 어느 방향으로 가는지를 생각했다. 김 대통령은 미래학에 관심이 많았고, 미래 예측 도서를 많이 읽었다. 우리가 사는 한반도를 뛰어넘어 아시아의 변화와 세계 조류를 알고자 했다.

　김 대통령은 재임 중 우리가 맞은 21세기가 지난 시기와 어떻게 다른지를 국민들에게 설명하기를 멈추지 않았다. 21세기는 지난 산업사회와 다른 지식정보화사회이고, 국민국가 시대와 다른 세계화 시대라는 점을 강조했다. 과거와는 전혀 다른 사회가 이미 우리에게 다가와 있고, 이 조류에 잘 대비할 때 우리는 성공할 수 있다고 했다. 그리고 우리 국민들은 변화에 적응력이 강하고 창의력이 높아 21세기에는 크게 성공할 수 있다고 말했다. 이미 대한민국은 짧은 시간에 지식정보화에 적응했으며, 대한민국은 반드시 21세기에 크게 성공할 것이라고 믿었다.

대통령 수칙 14 "적극적인 사고, 성공의 상(像)을 마음에 간직"

　이것이 본문에서 말한 '긍정의 힘을 믿는 리더십'이다. 우리는 적극적으로 사고해야 한다. 그리고 성공의 상을 마음에 간직해야 한다. 우리는 보통 성공의 상보다 실패의 상을 많이 떠올리고 불안한 마음을 갖게 된다. 그러나 실패의 상을 떨쳐내고 성공의 상을 그려야 한다. "앞으로 1년 후에는, 5년 후에는, 10년 후에는 나는 이렇게 성공한 모습으로 있을 것이다"라는 구체적인 상을 그려야 한다. 그리고 그 목표를 가지고 앞으로 나가야 한다.

　리더는 성공의 상을 그려보는 버릇을 들여야 한다. 성공의 상을 그린다는 것은 자신의 목표와 기준을 세우는 일이다. 그 상은 구체적일수록 좋다. 성공으로 가는 과정과 절차를 적은 플랜이 있어야 하고, 성공의 상을 그린 조감도가 있어야 한다. 플랜과 조감도를 항상 머릿속에 두고 무엇이 부족하고 무엇을 더 그려 넣어야 하는지를 항상 생각해야 한다. 플랜과 조감도가 없다면, 혹은 그것이 채색과 구도가 조화를 이룬 그림이 아니고 낙서에 불과하다면 길을 잃거나 엉뚱한 그림을 그리는 결과가 될 수 있다.

김 대통령은 반독재 민주화 운동 시절 자신의 꿈을 이렇게 표현했다.

"자유가 강물처럼 흐르고, 민주주의가 들꽃처럼 만발하고, 통일에의 꿈이 무지개처럼 피어나는 나라를 만들겠다."

대통령이 되어서도 세계적으로 존경받는 민주주의와 인권 국가, 경제를 발전시켜 중산층과 서민이 사람답게 사는 나라, 남과 북이 화해하고 협력하는 한반도, 세계에 우뚝 선 일류 문화국가를 만들겠다는 마음을 항상 되새겼다. 그리고 그런 포부를 국민들에게 말했다. 김 대통령은 자신의 꿈과 대한민국의 꿈을 등치시켰다. 별개가 아니었다.

성공의 상을 그리는 것은 리더에게 채찍이 된다. 성공의 상은 힘든 자신을 위로하는 것이기도 하지만, 동시에 목표를 향해 앞으로 나아가게 하는 자극제가 된다.

대통령 수칙 15 "나는 할 수 있다. 하느님이 같이 계신다"

마지막 항목인 이 수칙을 보면 대통령이라는 자리가 얼마나 두려운 자리고, 김 대통령 스스로 그 책임의 무게를 얼마나 무겁게 느꼈는지를 알 수 있다. 모든 것을 철저하게 준비하고 잘해보겠다고 다짐하고 또 다짐했지만 몰려오는 불안감과 두려움을 떨칠 수가 없는 게 대통령의 자리이다. 김 대통령은 결국 자신이 믿는 하느님에 의탁함으로써 이런 불안감과 두려움에서 벗어나고자 했다.

리더는 고독하다. 마지막에는 혼자서 결단을 내려야 하고, 또한 책임을 져야 한다. 아무리 자기를 지지하고 따르는 사람이 많다 해도 마지막에는 자신만이 있을 뿐이다. 가족과 친구들이 옆에서 응원하지만 결국 혼자일 때가 많다. 과중한 업무와 막중한 책임 앞에 육체적 피로와 정신적 스트레스는 대책 없이 쌓여만 간다.

무언가에, 누군가에 의지하고 싶어 한다. 마지막 자신을 털어놓고 고백하고 어려움을 호소하고 싶어 한다. 김 대통령은 이럴 때마다 기도했다. 자신이 믿는 하느님에게 의지하고 호소했다. 납치되어 온몸이 묶이고 눈은 가려진 채 바다에 던져질 찰나에도, 사형선고를 받고 모든 것에서 차단된 감옥 안에서도 하느님을 찾았다. 김 대통령은 예수님을 만났다고 간증했다. 김 대통령은 이런 신앙적 체험을 가지고 있었다. 과거 죽음의 고비에서 하느님이 나를 지켜주었듯이 대통령의 자리에서도 자신을 지켜주고 함께할 것이라고 생각했다.

대통령이 돼서도 쉬지 않고 기도했다. 나라가 잘 되고, 자신이 잘 헤쳐 나갈 수 있도록 해달라고 기도했다. 인간의 한계는 분명하다. 아무리 노력하고 진력을 다해도 뜻대로 되지 않는 일이 많다. 역사와 국민을 믿고, 자신이 세운 원칙과 철학을 가지고 최선을 다하는 길밖에 없다. 김 대통령은 나는 최선을 다하고 있고, 또 할 수 있다고 생각했지만, 결국에는 하느님 안에서 하느님이 함께해주실 것으로 믿었다.

김 대통령은 간혹 거울 앞에 서서 자신의 얼굴을 바라다보았다. 다섯 번의 죽을 고비를 넘기고 여섯 번의 감옥살이를 하고, 10년 동안 망명과 연금 생활을 잘 참아준 자신의 인생에 대해서 감사했다. 그리고 또 그동안 수없이 많은 고난과 여러 실수를 했었음에도 불구하고 그것을 다 극복하게 해주신 자신이 믿는 하느님께 감사드렸다.

대통령이 되어서는 "가장 훌륭한 대통령이 될 수 있을지는 모르겠지만, 가장 노력하는 대통령이 돼서 우리 국민들을 위해 최선의 봉사를 하는 그런 노력을 쉬지 않고 할 것이다. 이것이 나의 최고의 목적이다"라고 다짐했다.

리더에게 마지막에 의지할 수 있는 곳이 있다는 것은 좋은 일이다.